コア
カリキュラム
対 応

生徒指導・進路指導の理論と方法

会沢信彦・渡部昌平 編著

edited by........ AIZAWA Nobuhiko and WATANABE Shohei

GUIDANCE AND

THEORY AND PRACTICE

CAREER COUNSELING

北樹出版

は じ め に

　第1編者（会沢）は、2019年に『教育相談の理論と方法』（以下、前著）を上梓し、お蔭様で好評を博しているところです。前著を活用いただいている大学教員から、「生徒指導・進路指導」についても、教員にとって使いやすい、また学生にとってわかりやすいテキストがあればという声を耳にしました。その期待に応えるべく、本書を刊行することといたしました。

　小学校、中学校、高等学校の教員免許状を取得するためには、「道徳、総合的な学習の時間等の指導法及び生徒指導、教育相談等に関する科目」として、「生徒指導の理論及び方法」、「進路指導及びキャリア教育の理論及び方法」を履修することが求められています。そして、多くの大学では、この両者を1科目として開設しているところが多いようです。

　本書においても、前著に続き、「教育職員免許法及び同施行規則に基づき全国すべての大学の教職課程で共通的に修得すべき資質能力を示すもの」である「教職課程コアカリキュラム」を意識した構成といたしました。本書を活用することで、科目担当者は安心して授業計画を立てることができるとともに、学生は、本書を熟読することで、生徒指導及び進路指導・キャリア教育について、教員として必要な最低限の資質能力を身につけることができるはずです。

　2020（令和2）年度はコロナ禍に見舞われ、学校教育全体が根本的な見直しを迫られました。各学校においては、生徒指導や進路指導・キャリア教育についても大きな影響を受けたことは間違いありません。しかし、コロナ禍であっても、教育の基本は変わらないはずです。本書の内容は、生徒指導や進路指導・キャリア教育の「不易」の部分であるとご理解いただければ幸いです。

　本書を通して、学生が生徒指導や進路指導・キャリア教育についての理解を深めるとともに、児童・生徒の成長を目の当たりにできるという意味で生涯を賭けるに値する職業といえる教職を目指していただければ望外の喜びです。

　なお、本書の編集については、主として第1章から第10章を会沢が、第11

章から第 15 章を渡部が担当しました。

　お忙しいなかご執筆いただいた著者の先生方、および前著に続き精力的に編集作業に携わっていただいた北樹出版の福田千晶取締役編集部長に感謝申し上げます。

編者　会沢信彦・渡部昌平

【教職課程コアカリキュラム】

生徒指導の理論及び方法

全体目標：生徒指導は、一人一人の児童及び生徒の人格を尊重し、個性の伸長を図りながら、社会的資質や行動力を高めることを目指して教育活動全体を通じ行われる、学習指導と並ぶ重要な教育活動である。他の教職員や関係機関と連携しながら組織的に生徒指導を進めていくために必要な知識・技能や素養を身に付ける。

(1)生徒指導の意義と原理

一般目標：生徒指導の意義や原理を理解する。

到達目標：1）教育課程における生徒指導の位置付けを理解している。

2）各教科・道徳教育・総合的な学習の時間・特別活動における生徒指導の意義や重要性を理解している。

3）集団指導・個別指導の方法原理を理解している。

4）生徒指導体制と教育相談体制それぞれの基礎的な考え方と違いを理解している。

(2)児童及び生徒全体への指導

一般目標：すべての児童及び生徒を対象とした学級・学年・学校における生徒指導の進め方を理解する。

到達目標：1）学級担任、教科担任その他の校務分掌上の立場や役割並びに学校の指導方針及び年間指導計画に基づいた組織的な取組の重要性を理解している。

2）基礎的な生活習慣の確立や規範意識の醸成等の日々の生徒指導の在り方を理解している。

3）児童及び生徒の自己の存在感が育まれるような場や機会の設定の在り方を例示することができる。

(3)個別の課題を抱える個々の児童及び生徒への指導

一般目標：児童及び生徒の抱える主な生徒指導上の課題の様態と、養護教諭等の教職員、外部の専門家、関係機関等との校内外の連携も含めた対応の在り方を理解する。

到達目標：1）校則・懲戒・体罰等の生徒指導に関する主な法令の内容を理解している。

※高等学校教諭においては停学及び退学を含む。

2）暴力行為・いじめ・不登校等の生徒指導上の課題の定義及び対応の視点を理解している。

3）インターネットや性に関する課題、児童虐待への対応等の今日的な生徒指導上の課題や、専門家や関係機関との連携の在り方を例示することができる。

（文部科学省，2017）

【教職課程コアカリキュラム】

進路指導及びキャリア教育の理論及び方法

全体目標：進路指導は、児童及び生徒が自ら、将来の進路を選択・計画し、その後の生活によりよく適応し、能力を伸長するように、教員が組織的・継続的に指導・援助する過程であり、長期的展望に立った人間形成を目指す教育活動である。それを包含するキャリア教育は、学校で学ぶことと社会との接続を意識し、一人一人の社会的・職業的自立に向けて必要な基盤となる資質・能力を育むことを目的としている。

進路指導・キャリア教育の視点に立った授業改善や体験活動、評価改善の推進やガイダンスとカウンセリングの充実、それに向けた学校内外の組織的体制に必要な知識や素養を身に付ける。

(1)進路指導・キャリア教育の意義及び理論

一般目標：進路指導・キャリア教育の意義や原理を理解する。

到達目標：１）教育課程における進路指導・キャリア教育の位置付けを理解している。

２）学校の教育活動全体を通じたキャリア教育の視点と指導の在り方を例示することができる。

３）進路指導・キャリア教育における組織的な指導体制及び家庭や関係機関との連携の在り方を理解している。

(2)ガイダンスとしての指導

一般目標：全ての児童及び生徒を対象とした進路指導・キャリア教育の考え方と指導の在り方を理解する。

到達目標：１）職業に関する体験活動を核とし、キャリア教育の視点を持ったカリキュラム・マネジメントの意義を理解している。

２）主に全体指導を行うガイダンスの機能を生かした進路指導・キャリア教育の意義や留意点を理解している。

(3)カウンセリングとしての指導

一般目標：児童及び生徒が抱える個別の進路指導・キャリア教育上の課題に向き合う指導の考え方と在り方を理解する。

到達目標：１）生涯を通じたキャリア形成の視点に立った自己評価の意義を理解し、ポートフォリオの活用の在り方を例示することができる。

２）キャリア・カウンセリングの基礎的な考え方と実践方法を説明することができる。

（文部科学省，2017）

目　　次

コア
カリキュラム
対応

生徒指導・
進路指導の
理論と方法

GUIDANCE AND

THEORY AND PRACTICE

CAREER COUNSELING

学校教育における生徒指導の意義と役割

> 「生徒指導」という言葉に、みなさんはどんなイメージをもつでしょうか。学生に質問すると、「校則」「服装・頭髪検査」「悪いことをして怒られる」など、悪いイメージをもつ人がほとんどのようです。以前、「竹刀を持った怖い先生が校門に立っている」と述べた学生もいました。
>
> 生徒指導は、学習指導とともにわが国の学校教育を支える重要な柱だといわれています。わが国の学校教育が世界的にも高く評価されているのは、学習指導だけでなく生徒指導にも力を入れ、全人的な人格形成を行ってきたからにほかなりません。そのような生徒指導が多くの人からマイナスのイメージをもたれているというのはとても残念なことです。
>
> 本章では、生徒指導の本来の意義や目的と、これからのあり方について考えてみたいと思います。

第1節 生徒指導とは

(1)『生徒指導提要』

　学校教育の両輪は学習指導と生徒指導であるといわれています。そして、学習指導の中心は授業です。わが国においては、授業を中心とする教育課程の基準として『学習指導要領』が存在します。『学習指導要領』は「法的拘束力」をもつとされ、わが国の小学校、中学校、高等学校、特別支援学校等は、国公私立を問わず、学習指導要領に基づいた授業を行わなければなりません。

　生徒指導については、『学習指導要領』のような基準は存在しないものの、生徒指導に関する基本書としては、従来、『生徒指導の手引（改訂版）』（文部省, 1981）がありました。しかし、時代の変化に応じた生徒指導の基本書に対するニーズの高まりを受け、2010（平成22）年に『生徒指導提要』（文部科学省,

2010)（本章では、以下『提要』とする）が刊行されました。「まえがき」によれば、刊行のねらいは、「小学校段階から高等学校段階までの生徒指導の理論・考え方や実際の指導方法等について、時代の変化に即して網羅的にまとめ、生徒指導の実践に際し教員間や学校間で教職員の共通理解を図り、組織的・体系的な生徒指導の取組を進めること」とされています。

　生徒指導に携わるすべての教員は、『提要』を熟読し、それに沿った生徒指導実践を行うことが求められています。

（2）生徒指導の意義と目的

　ここでは、『提要』に沿って、生徒指導の意義を見ていくこととします。とくに、第1章「生徒指導の意義と原理」第1節「生徒指導の意義と課題」1「生徒指導の意義」は重要ですので、そのまま引用します。

　生徒指導とは、一人一人の児童生徒の人格を尊重し、個性の伸長を図りながら、社会的資質や行動力を高めることを目指して行われる教育活動のことです。すなわち、生徒指導は、すべての児童生徒のそれぞれの人格のよりよい発達を目指すとともに、学校生活がすべての児童生徒にとって有意義で興味深く、充実したものになることを目指しています。生徒指導は学校の教育目標を達成するうえで重要な機能を果たすものであり、学習指導と並んで学校教育において重要な意義を持つものと言えます。

　各学校においては、生徒指導が、教育課程の内外において一人一人の児童生徒の健全な成長を促し、児童生徒自ら現在及び将来における自己実現を図っていくための自己指導能力の育成を目指すという生徒指導の積極的な意義を踏まえ、学校の教育活動全体を通じ、その一層の充実を図っていくことが必要です。

　ここには、生徒指導に関する基本的かつ重要な考え方がいくつも述べられています。それらを以下に解説します。

①社会的資質や行動力を高めることを目指す

　生徒指導とは、「一人一人の児童生徒の人格を尊重し、個性の伸長を図りながら、社会的資質や行動力を高めることを目指して行われる教育活動」であるとされています。つまり、生徒指導の目的をひと言で述べれば、「社会的資質

や行動力を高めること」であるといえます。この「社会的資質や行動力」は、『提要』の末尾には「社会的なリテラシー」と言い換えられています（9ページ参照）。

②すべての児童生徒の人格のよりよい発達と、学校生活がすべての児童生徒にとって有意義で興味深く、充実したものになることを目指す

本来の生徒指導は、多くの人が抱くネガティブなイメージとはまさに対極にあるものであることがわかります。

③学校の教育目標を達成するうえで重要な機能を果たす

第2節「教育課程における生徒指導の位置付け」では、「生徒指導は、教育課程における特定の教科等だけで行われるものではなく、教育課程のすべての領域において機能することが求められて」おり、「それは教育課程内にとどまらず、（中略）教育課程外の教育活動においても機能するもの」であると述べられています。

つまり、生徒指導は、学校教育において、教科などの「領域」ではなく、「機能」であるとされています。時間割のなかに「生徒指導」の時間はありませんが、すべての教育活動のなかで「機能」させなければならないのです。

④学習指導と並んで学校教育において重要な意義を持つ

前述の通り、学習指導と生徒指導とは学校教育における「車の両輪」といわれます。

⑤児童生徒自ら現在及び将来における自己実現を図っていくための自己指導能力の育成を目指す

生徒指導の目的として、「社会的資質や行動力」の育成のほかに、「自己指導能力」の育成がうたわれています。これは、従来から生徒指導の目的として重視されてきた概念です。

坂本（1990）は、「生徒指導とは、（中略）個々の児童生徒の自己指導能力の育成を目ざすものである」とし、そのための指導上の留意点として、以下の3点をあげています（第2章参照）。

①児童生徒に**自己存在感**を与えること。

②**共感的な人間関係**を育成すること。

③**自己決定**の場を与え自己の可能性の開発を援助すること。

🌱 第2節 ： 生徒指導の役割

（1）問題行動・不登校等生徒指導上の諸課題への対応

　いじめ、不登校等の諸課題に対する対応が生徒指導の重要な役割であることは言うまでもありません。『提要』では、「Ⅱ　個別の課題を抱える児童生徒への指導」において、「発達に関する課題と対応」「喫煙、飲酒、薬物乱用」「少年非行」「暴力行為」「いじめ」「インターネット・携帯電話にかかわる課題」「性に関する課題」「命の教育と自殺の防止」「児童虐待への対応」「家出」「不登校」「中途退学」が取り上げられています。

　なお、文部科学省では、毎年、「児童生徒の問題行動・不登校等生徒指導上の諸課題に関する調査結果について」を発表しています。ここで取り上げられている調査項目（調査対象）は、「暴力行為」「いじめ」「出席停止」「小・中学校の長期欠席（不登校等）」「高等学校の長期欠席（不登校等）」「高等学校中途退学等」「自殺」「教育相談」となっています。

（2）基本的な生活習慣の確立

　「社会的資質や行動力を高める」ことを目的とする生徒指導の役割は、当然問題行動・不登校等生徒指導上の諸課題への対応にとどまりません。「すべての児童生徒の人格のよりよい発達」を目指すためには、基本的な生活習慣の確立が欠かせません。『提要』では、基本的生活習慣として、以下の3点をあげています。

　①時間を守る、物を大切にする、服装を整えるなどの学校生活を営む上で必要な決まりに関する生活習慣

　②あいさつや礼儀、他者とのかかわりやみずからの役割を果たすなどの集団生活にかかわる生活習慣

③授業規律や態度、忘れ物をしないなどの学校における様々な活動を行う上での生活習慣

基本的な生活習慣を確立させるためには、学校における粘り強い取り組みのみならず、家庭や地域との連携が不可欠です。

なお、『提要』には、コラムとして、「早寝早起き朝ごはん国民運動」が取り上げられています。早寝早起き朝ごはんをはじめとする基本的な生活習慣が子どもの健全な発達を促す上できわめて重要であることは、近年の脳科学の知見からも明らかにされているところです（成田，2012など）。

さらに、近年話題となっているのが、スマートフォンやゲーム依存による生活習慣の乱れです。2020年4月、「香川県ネット・ゲーム依存症対策条例」が施行されたことはマスコミでも大きく取り上げられ、大きな議論を巻き起こしました（竹内，2020）。わが国における情報モラル教育の第一人者である竹内和雄がくり返し指摘しているように、この問題は私たちおとなにとっても正解のない未知の課題であることから、今後子供たちと一緒になって解決策を考えていくことが求められます。

（3）規範意識の醸成

生徒指導で育むべき「社会的資質や行動力」「自己指導能力」の1つとして、規範意識があげられます。滝（2006）は、子どもの規範意識の醸成における留意点として、以下の3点をあげています。

①「受容」と称して子供を指導しない、あるいは子供の言いなりになるのは誤りである。

②罰することが目的であるかのような指導を改める。「厳罰化」を進めれば規範意識が育つというわけではない。

③目先の問題行動を減らすだけの対症療法の姿勢を改める。子供を「変える」「直す」という治療的発想ではなく、彼らの成長を「支えていく」教育的発想を取り戻す。

さらに、滝は、「子どもの内にあって規範意識を持続させ、将来的に発展さ

せていく『核』になるもの」を、「自己有用感」であるとしています。筆者も、「社会的資質」の重要な側面は「自己有用感」であると考えています。「自己有用感」については８ページであらためて述べます。

🌱 第3節　生徒指導で育む「資質・能力」

（1）「学びに向かう力・人間性等」

新学習指導要領（小学校については文部科学省, 2018）のキーワードの１つに「資質・能力」があります。とくに、新学習指導要領では、「育成すべき資質・能力の３つの柱」として、以下の３つがあげられています。

①知識・技能：何を理解しているか、何ができるか

②思考力・判断力・表現力等：理解していること・できることをどう使うか

③学びに向かう力・人間性等：どのように社会・世界と関わり、よりよい人生を送るか

このうち、「児童生徒自ら現在及び将来における自己実現を図っていくための自己指導能力の育成を目指す」生徒指導と大きく関わるのは、「学びに向かう力・人間性等」ではないかと思われます。しかし、「学びに向かう力・人間性等」は、とらえどころのない表現です。

（2）非認知能力

このように、やや抽象的な表現である「学びに向かう力・人間性等」に関して、近年、にわかに脚光を浴びている概念が、「非認知能力」です。なお、ＯＥＣＤ（経済協力開発機構）では、「社会情動（情緒）的スキル」と呼ばれています。

非認知能力が注目されるきっかけとなったのは、1960年代にアメリカで行われた「ペリー就学前プロジェクト」です（大竹, 2015）。この研究から明らかになったのは以下の２点です。

①就学前の教育がその後の人生に大きな影響を与える。

②そこで大きな役割を果たすのは、ＩＱに代表される認知能力以外の力である。

つまり、私たちの素朴な期待に反し、いわゆる「頭の良さ」である認知能力ではない、「非認知能力」とでも呼ぶべきものが、より良い人生を送る上で重要な役割を果たしていると考えられるようになったのです。

では、非認知能力とはどのようなものなのでしょうか。これについては現在進行形で研究が進んでおり、統一された定義は見当たりません。

遠藤（2018）は、非認知能力を「心の土台のようなもの」とした上で、以下のような２つの力から成ると述べています。

①自分に関する力：自尊心、自己肯定感、自立心、自制心、自信など。

②人と関わる力：一般的には社会性と呼ばれる、協調性、共感する力、思いやり、社交性、道徳性など。

新学習指導要領における「学びに向かう力・人間性等」と非認知能力とは、かなりの部分でオーバーラップしているように思われます。むしろ筆者は、ほぼ同じものを指しているといってよいのではないかと考えています。

このように、生徒指導で育む「資質・能力」は、ひと言でいえば「非認知能力」であるということができるでしょう。

（3）自己有用感

「非認知能力」の１つの側面は「自分に関する力」です。これまでも、心理学の知見を背景に、自尊感情や自己肯定感などの重要性がくり返し指摘されてきました。そして、諸外国に比べ、わが国では自分に自信をもつ子供たちが極端に低いことがさまざまなデータで明らかにされてきました（内閣府, 2019）。一方、謙譲を美徳とするわが国の文化的背景や、「自信が強すぎる」子供の課題を指摘する声もあります（速水, 2006）。

そこで近年注目されてきているのが「自己有用感」です。国立教育政策研究所生徒指導・進路指導研究センター（2015）は、「人の役に立った、人から感謝された、人から認められた、という『自己有用感』は、自分と他者（集団や社

会）との関係を自他ともに肯定的に受け入れられることで生まれる、自己に対する肯定的な評価」であると述べています。独りよがりの自信ではなく、他者や社会に対する貢献を通して獲得される真の自信が「自己有用感」であるといえるでしょう。

 ## 第4節 ┊ 生徒指導の目的

（1）社会的なリテラシー

　前述のように、『提要』の冒頭では、生徒指導の目的は、「社会的資質や行動力を高めること」であると述べられています。一方、『提要』本文の末尾では、「社会的なリテラシー」という用語が用いられています。第8章「学校と家庭・地域・関係機関との連携」第4節「社会の形成者としての資質の涵養に向けて」3「社会的なリテラシーの育成」をそのまま引用します。

> 　単に、知識や技術、断片的な個々のリテラシー、社会的な資質や能力を身に付けるだけではなく、社会のなかで、その時々の状況を判断しながら、それらを適切に行使することによって、個人や社会の目的を達成していく包括的・総合的な能力。それを社会的なリテラシーと呼ぶとすれば、生徒指導の最終目的は社会的なリテラシーの育成にあるといえます。

　冒頭の「社会的資質や行動力」をより洗練、発展させた概念がこの「社会的なリテラシー」だといえそうです。そして、前述の「自己有用感」は、「社会的なリテラシー」の重要な要素であると思われます。

（2）共同体感覚

　アドラー心理学の中心概念に「共同体感覚」があります。アドラー心理学では、この「共同体感覚」の育成こそが、カウンセリングや心理療法、そして教育のゴールであると考えています。
　会沢（2017）は、「共同体感覚」とは、以下のような意識や態度が一体となっ

たものであると述べています。

　①他者や世界に対する関心：いわゆる「自己中」の反対であり、文字通り他者や世界に対して関心を抱いていること

　②所属感：「自分はこの集団、組織、コミュニティー、社会、人類の一員である」という感覚、意識をもっていること

　③貢献感：「自分は、所属する集団、組織、コミュニティー、社会、人類のために役に立てる存在であり、役に立ちたい」という感覚、意識をもっていること

　④信頼感・安心感：自分が所属する集団、組織、コミュニティー、社会、人類やそのメンバーを信頼し、安心感を感じていること

　⑤相互尊敬：「みんな違ってみんないい」というように、他者に対して尊敬の念を抱いていること

　⑥協力：他者と足を引っ張りあう関係ではなく、協力し、助けあう関係で結ばれていること

　筆者は、「自己有用感」と「共同体感覚」とはきわめて近い概念であると考えています。したがって、「自己有用感」や「共同体感覚」を中核とする「社会的なリテラシー」を育成することこそが、本来の、そしてこれからの生徒指導の目的であるといえるでしょう。

（会沢　信彦）

〈引用・参考文献〉

会沢信彦（編）　2017　アドラー心理学を活かした学級づくり　学事出版

遠藤利彦　2018　「非認知能力」って、どんな力？　すくコム（NHK エデュケーショナル）
　　https://www.sukusuku.com/contents/qa/218292　＜ 2020 年 2 月 28 日閲覧＞

速水敏彦　2006　他人を見下す若者たち　講談社

国立教育政策研究所生徒指導・進路指導研究センター　2015　「自尊感情」？　それとも「自己有用感」？　生徒指導リーフ 18

文部科学省　2010　生徒指導提要　教育図書

文部科学省　2018　小学校学習指導要領（平成 29 年告示）　東洋館出版社

文部省　1981　生徒指導の手引（改訂版）　大蔵省印刷局

内閣府　2019　我が国と諸外国の若者の意識に関する調査（平成 30 年度）

成田奈緒子　2012　早起きリズムで脳を育てる――脳・こころ・からだの正三角形――　芽
　　ばえ社

大竹文雄　2015　解説　就学前教育の重要性と日本における本書の意義　ヘックマン, J.J.
　　大竹文雄（解説）・古草秀子（訳）　幼児教育の経済学　東洋経済新報社　pp.109-124.

坂本昇一　1990　生徒指導の機能と方法　文教書院

竹内和雄　2020　ゲームは 1 日 60 分？〜香川の条例案を考えましょう〜（これからの情報
　　モラル教育第 12 回）　月刊生徒指導　2020 年 3 月号　62-63.

滝充　2006　子どもの規範意識の醸成にどう取り組むか　別冊教職研修　2006 年 11 月号,
　　23-26.

〈議論のポイント〉

　自分の小学校、中学校、高校時代をふり返り、学校教育のなかでどのような非認知能力
（あるいは自己指導能力、社会的なリテラシー、自己有用感、共同体感覚）を身につけることがで
きたか、ふり返ってみましょう。

〈読者のための読書案内〉

＊文部科学省『生徒指導提要』教育図書、2010 年：本章でしばしば取り上げたように、わ
　が国における生徒指導の基本書です。常に手元に置き、折にふれて参照することが求めら
　れます。

＊藤平敦『研修でつかえる生徒指導事例 50』学事出版、2016 年：事例をもとに、生徒指導
　の基本的な見方・考え方と技法を学ぶことができます。副題に「若手教員の力を引き出
　す」とあるように、経験の浅い教員に対する具体的なアドバイスが満載です。

＊家本芳郎『子どもの心にとどく指導の技法』高文研、1999 年：小・中学校の現場経験の
　ない筆者は、この本から生徒指導のイロハを学ぶとともに、大学教員として学生指導に大
　いに生かしています。幼稚園から大学院まで、教育の基本は同じであるとつくづく感じさ
　せられます。

生徒指導の３機能

2

生徒指導のねらいは児童生徒の自己指導能力の育成にあります。この時、この場で、どのような行動が適切であるか、自分で判断して実行する力が「自己指導の力」（坂本, 1987）です。『生徒指導提要』（文部科学省, 2010）では、児童生徒の自己指導能力を育成するために、「日々の教育活動においては、①児童生徒に自己存在感を与えること、②共感的な人間関係を育成すること、③自己決定の場を与え自己の可能性の開発を援助することの3点に特に留意する」（p.5）と記されています。この3点は「生徒指導の3機能」と呼ばれます。「機能」とは「はたらき」のことです。つまり、授業・特別活動（学校行事等）・掃除・昼食・朝の会・帰りの会などなど、あらゆる機会を通じて、これら3点に留意しながら児童生徒にはたらきかけていくことが生徒指導の要なのです。本章では、この3機能について解説します。

第１節 ┊ 自己存在感を与える

（１）自己存在感とは

　自己存在感とは「私は大切にされている」「私の居場所はここにある」という感覚です。児童生徒に自己存在感を与えるはたらきかけについて理解を深めるためには、こうした感覚の源を知る必要があります。

　自己存在感の源は乳幼児期にあります。赤ちゃんが泣いた時には、「あら〜」と優しい声をかけながら、「お腹がすいたのかなあ？」と授乳してあげたり、「お尻が濡れちゃったのかしら」とオムツを替えてあげたりしますね。そして、赤ちゃんがうれしそうな顔をすれば、「は〜い、気持ちよくなったねえ」といっしょにニコニコするでしょう。また、よちよち歩きができるように

なれば、「わ〜、すごいねえ」と拍手しながら褒めてあげるでしょう。こうしたかかわりのなかで、子供は「自分は大切な存在なんだ」という感覚を育んでいきます。

　子供に肯定的な関心を寄せ、いっしょに喜んだり、楽しんだり、褒めたりすることが子供の自己存在感につながるという説明は、相手がすでに学齢期にある子供であっても納得できるものでしょう。ただし、子供の自己存在感を育むためには、子供が感じる不安、恐怖、悲しみ、怒りなどといった**不快な感情**や否定的側面も大切にしてあげてください。

　子供といっしょに喜んだり、楽しんだりするのはわかるけれど、不快な感情を大切にするとはどういう意味だろうと疑問に思うかもしれませんね。私たちは不快な感情はあってはいけないものと思いがちです。でも、考えてみてください。不安や恐怖、悲しみや怒りを感じない人生なんてありえるでしょうか。こうした感情はあって当然なのです。だからこそ、私たちは不快な感情にふり回されて体調を崩したり、自分や他者を傷つけるような行動を起こしてしまったりすることがないように、不快な感情の抱え方を学んでおく必要があります（大河原, 2007）。

　たとえば、子供が何かに怯えていると「怖くないでしょ！」と叱咤激励する人がいます。時には、転んだ子に「痛くない！」と声をかける人も見かけます。しかし、痛みはもちろん、不安、恐怖、悲しみ、怒りなどは身体で感じる感覚です。真夏の猛暑に対して「暑くない！」と否定したからといって身体から暑さの感覚をなくすことはできません。それと同じように、不安、恐怖、悲しみ、怒り、痛みなどを否定してもそれらを感じなくさせることはできないのです。むしろ、そうした身体の感覚を否定するかかわりは、子供が不安、恐怖、悲しみ、怒り、あるいは痛みなどの抱え方を学ぶ機会を奪うことになります。

　このような場合は、「怖いねえ」とその子が感じているだろう気持ちを言葉にしてあげることが大切です。そして、「いっしょにいるから大丈夫だよ」と安心・安全の感覚で包み込んであげます。「怖くない」ではなく、「怖くても大丈夫」という体験を重ねることで、子供は「怖さ」を抱えられるようになるの

です。人が自己存在感を育むためには、肯定的側面だけでなく、否定的側面も認められる体験が必要であることを理解しておきましょう。

(2)児童生徒に自己存在感を与えるために

①貢献に感謝する

　子供の良いところやできていることなどの肯定的側面に積極的な関心を寄せていく姿勢は、子供の自己存在感を育むために欠かせません。この点で子供を褒めることは大切です。ただし、上から目線で評価するような態度は逆効果です。あなたは「お〜、えらいえらい」と言われて良い気分になりますか。おすすめは「ありがとう」「うれしい」「たすかる」という気持ちを伝えることです。子供の「自分は役に立っている」という貢献感を向上させるようなかかわりを心がけましょう。

②肯定的に意味づける

　教師も人間です。子供のことを良く思えない時もあるでしょう。また、「自分には良いところなんてない」と自己否定する子供もいます。そうした場合に有用なのが「リフレーミング」です。これは「現象・事象に対する見方や理解の仕方に関する既存のフレーム（枠組み）を変化させること」(東, 2013)をいいます。そのなかでもよく知られているのが否定的なフレームを肯定的に意味づける「ポジティブ・リフレーミング」です。

　たとえば、「集中力がなく、落ち着きがない」と評価されている子供は、「好奇心が旺盛で、活発である」と意味づけることができます。その子に対する見方が肯定的に変われば、かかわり方も肯定的に変わっていきます。

③否定的側面をそのまま認める

　自分の欠点や弱さを強く訴える子供のなかには、教師が良いところを見つけて伝えても、「そんなことはない」と受け入れず、「そんなふうに考えられない私はやっぱりダメなんだ」とかえって自己否定を強める子がいます。「ポジティブ」「前向き」「プラス思考」がもてはやされる時代です。とくに教育現場ではこうした側面の価値が強調されがちですが、自分の欠点や弱いところまで

すべて認めることができる、「そんな私でも大切な存在なんだ」と感じることができる、そのような意味での自己存在感を必要とする子供がいることを知っておきましょう。何かができるからすごい、これがあるから価値があるという条件つきの承認ではなく、「あなたのことを大切に思う」という気持ちを無条件に伝えてあげてください。

　教師には、子供の否定的側面もそのまま認め、つきあっていくという懐の深いかかわりが求められることがあります。ただし、教師１人の力では抱えきれないほどの「つらさ」や「苦しさ」を訴える子供もいます。その場合は無理する必要はありません。同僚である教師や**スクールカウンセラー・スクールソーシャルワーカー**あるいは学校外の専門機関等と連携して「**チーム**」で対応しましょう。

第2節　共感的な人間関係を育成する

（1）共感的な人間関係とは

　児童生徒のあいだに**共感的な人間関係**を育むためのはたらきかけについて論じる前に、まずは教師と児童生徒のあいだで共感的な人間関係を築くために大切なことについて考えましょう。「人間関係では相手に共感することが大切」などと語られることがあります。筆者はこの「共感する」という言葉に違和感があります。なぜなら、共感とは、何かに対して「そうだなあ」と"感じる"ことであって、意図して"する"ことではないと思うからです。

　こうした言葉を知ると、子供との丁寧なかかわりが求められる折には、「共感しないと！」と意気込んでしまうかもしれません。しかし、そのような時ほど、心を楽にして穏やかな気持ちでいることをおすすめします。「この子のことを知りたいな、理解したいな」という素直な気持ちで子供の話に耳を傾けましょう。

　とはいえ、これは何でもかんでも「うんうん」とうなずいていればよいということではありません。頭ごなしに決めつける態度はもちろんいけませんが、

わかった気になっているおとなのことも子供は信頼しません。大切なのは相手のことをわかろうとする姿勢です。

　相手の話を聴いていて、「うん？よくわからないな……」という時もあるでしょう。それも自然なことです。わかったふりをするのでも相手を否定するのでもなく、素直に「そのことについてもう少し教えてほしいのだけれど……」などとたずねればよいでしょう。たとえ理解しがたいことがあったとしても、それを素直に認め、むしろ教えてもらおうとする姿勢が子供からの信頼を得ることにつながります。

　子供の話を聴いていて、「わかった」と思った時にも、早とちりして決めつけるのではなく、「あなたの言いたいことは……ということかな？」などとこちらの理解や受け止めにずれが生じていないか、相手に確かめるような応答を心がけましょう。そうした応答を丁寧にくり返していると、「ああ、なるほど、たしかにそうだなあ」という「腑に落ちる感覚」がこちらに生じてきます。これが「共感」と呼ばれるものの内実でしょう。つまり、"共感とは相手の理解に努めた結果として生じるもの"なのです。

　そうした聴き方に努めていると、こちらに「もしかしたら、この子はこんなことを感じているのではないかなあ……」というような感覚が生じてくることがあります。そんな時には、それも素直に伝えてみましょう。それが相手の腑に落ちれば、互いにわかりあえた感覚を得て強い信頼関係が生まれます。この「わかってもらえた」という感覚は、「大切にされている」という自己存在感につながります。以上の説明から、共感的な人間関係とは、人と人とが互いを大切にし、互いの理解に努めた結果として生まれるものであることがわかるでしょう。

(2)児童生徒の共感的な人間関係を育成するために

　一人ひとりの子供が互いを大切にして理解しあう態度を身につけられるように、教師は子供に具体的な行動を指導する必要があります。この点でおすすめなのが「**対話**」の指導です。高橋・古舘 (2019) は、表2-1のような「ちょこっ

とスキル」を提案しています。教師はこのような指導を日々こつこつと継続していくことが大切です。

表2-1　対話のための「ちょこっとスキル」（高橋・古舘，2019をもとに作成）

１．あいづちの練習
①相手の顔を見て、笑顔で聞く。
②「あいうえお」（ああ！いいね！うんうん！え〜！お〜！）を意識してあいづちをうつ。
③わからなかったら、「それってどういうこと？」と聞く。
２．オブラート返し
①頭ごなしに反論しない。
②反論がある場合、「わかるんだけど、でも」「たしかにそうだね、でも」の枕詞を使う。

　また、『生徒指導提要』（文部科学省，2010，p.109）で紹介されている「**グループエンカウンター**」「**ソーシャルスキルトレーニング**」などの**教育相談**の手法も、共感的な人間関係の育成に役立ちます。詳細な実践例については、章末の＜読書案内＞にあげた曽山（2019）の本で知ることができます。

 第３節　自己決定の場を与え自己の可能性の開発を援助する

（1）自己決定とは

　自己決定について論じる前に、あらためて**自己指導能力**とは何か、この言葉の提唱者である坂本昇一による説明を確認しておきましょう。

> 「生徒指導のねらいは『自己指導の力』を生徒に育てることである。この時、この場で、どのような行動が適切であるか、自分で判断して実行する力を『自己指導の力』という。生徒が、『どのような行動が適切であるか』という判断をするときの基準は、『他の人びととの主体性を尊重するとともに最大限の自己実現をめざすこと』に置かれる。簡単にいいかえれば、他の人びとのためにもなり、自分のためにもなる（みんなも喜び、自分も喜ぶ）ことは何かと生徒が考えて、自分のとるべき行動を判断して実行するように援助するのが生徒指導である。」
> （坂本，1987）

このように、自己決定は自己指導能力の中核に位置づけられています。そして、それは「みんなも喜び、自分も喜ぶ」ことを基準とするものであり、自己決定とは**自他尊重**の態度（自分も他者も大切にする態度）を伴うものであることがわかります。児童生徒に自己決定の場を与えるのならば、一人ひとりの子供のなかにこうした態度が根づいていることが前提となります。

　本章におけるここまでの学びを考えあわせると、①自己存在感、②共感的な人間関係、③自己決定の３つは、相互に関係していることがわかります。共感的な人間関係のなかで一人ひとりの子供は「私は大切にされている」「私の居場所はここにある」という自己存在感を強くします。自分を大切にされた子供（「自分は大切にされている」という感覚をもつ子供）は、同じように他者を大切にします。そうした相互作用のなかで、「みんなも喜び、自分も喜ぶ」ということを基準にして自分の行動を決定できる人が育っていくのです。

　なお、児童生徒の自己決定の内容が不適切な場合、教師は助言をためらう必要はありませんし、選択や決定の結果としてさまざまな不都合や危険が予想される場合には適切に介入してください（文部科学省, 2010）。さらに、自己決定には、その結果を自分で引き受ける「**自己責任**」が伴うことも同時に教えていく必要があります（諸富, 2013）。

(2)児童生徒に自己決定の場を与え
　　自己の可能性の開発を援助するために

　『生徒指導提要』では「選択や決定の際によく考えることや、その結果が不本意なものになっても真摯に受け止めること、みずからの選択や決定に従って努力することなどを通して、将来における自己実現を可能にする力がはぐくまれていきます」（文部科学省, 2010, p.1）と説明されています。そのために「教員が主導して、役割からシナリオまで準備し、児童生徒はその通りに演じていくだけ、という場や機会の与え方ではなく、児童生徒が自発性や自主性を発揮しながら主体的に取り組める場や機会を提供すること」（文部科学省, 2010, p.12）が

求められています。

　しかし、教師にとってこれらは簡単なことではありません。なぜなら、必ずしもすべての子供が期待通りの行動を実行できるわけではないからです。早く成長する子供もいれば、ゆっくりと成長する子供もいます。それぞれに合わせて"ほどよく"がんばらせることができればよいのですが、実際には教師の期待が先走り子供に無理を強いてがんばらせすぎたり、逆に教師が心配しすぎて子供にとって必要なことでもがんばらせないでいたりすることがあります。そのいずれにも共通しているのは、教師の側の「失敗させたくない」という思いではないでしょうか。以下に、この点について、「教師の期待が大きすぎる場合」と「教師が心配しすぎる場合」に分けて論じます。

①教師の期待が大きすぎる場合

　教師が「失敗しないように！」と強調しすぎると子供は萎縮し、かえって力を発揮できなくなります。教師からすると、期待が大きい分、つい声を荒らげて「どうして失敗するんだ！」と子供を叱責してしまう時もあるでしょう。すると、子供はいっそう萎縮してまた失敗するという悪循環に陥ります。こうした関係が続くと、子供は挑戦を避けるようになり、ついには身動きがとれなくなってしまいます。

　大きすぎる期待は、「できて当たり前」「どうしてできないの？」などと子供を追い詰めてしまうことがあるので注意しましょう。「できて当たり前」の代わりに、「そんなことができるようになったんだ。うれしいなあ」と子供の成長を喜びましょう。また、「どうしてできないの？」よりも、「どうやったらできるようになるかな？」と子供の努力に関心を寄せるようにしましょう。

②教師が心配しすぎる場合

　その一方で、教師が心配しすぎて、本来は子供が取り組むべきことを代わりにしてあげたり、教師が先回りしてお膳立てをしてあげたりしていると、子供は自分の力を実感できず、何かに挑戦するという意欲をもてなくなります。また、これでは失敗を乗り越えるためのすべを学ぶこともできません。

　人生において失敗は避けられません。だからこそ、私たちは失敗をおそれず

に挑戦する態度や失敗から学び成長するための力を身につける必要があります。そのために教師ができることは、子供が"安心して失敗できる"環境を用意することです。失敗とは挑戦の証です。まずは子供が何かに取り組んだことに注目し、その勇気を讃えましょう。これは「結果は問わなくてもよい」という意味ではありません。失敗も成長するための機会ととらえて、「今回はこういう結果だった。それじゃあ、次はどうすればよいだろう？」と未来に目を向けていっしょに考えてあげてください。

第4節　自己評価の機会を設ける

　自己指導能力の育成においては、みずからの学習過程を見通したり、ふり返ったりするための**自己評価**が欠かせません（諸富, 2013）。その活動例としては、**ポートフォリオ**などの記録を通じてみずからの学習過程を把握できるようにすることが考えられます。ただし、ポートフォリオ的な教材に記録を残すことだけをもって良しとするのではなく、教師がそうした記録を児童生徒と共有し、それをもとに対話するなど、児童生徒の**自己理解**を積極的に促していく取り組みが求められます。

　本章第2節（1）で紹介した教師による児童生徒の話の聴き方を思い出してください。子供への理解や受け止めにずれが生じていないかを子供に確かめるための問いかけは、子供にとってもみずからをふり返る機会となり、自己理解を深めることができます。

　以上のような視点は、児童生徒が主体的に自分の将来を考える力を身につけるための**進路指導・キャリア教育**における**キャリアカウンセリング**のなかでも重視されます。それぞれを関連づけながら学びを深めていきましょう。

（金山　元春）

〈引用・参考文献〉
東豊　2013　リフレーミングの秘訣——東ゼミで学ぶ家族面接のエッセンス——　日本評論

 20　第2章　生徒指導の3機能

社

文部科学省　2010　生徒指導提要　教育図書

諸富祥彦　2013　新しい生徒指導の手引き――すぐに使える「成長を促す指導」「予防的な
　　指導」「課題解決的な指導」の具体的な進め方――　図書文化社

大河原美以　2007　子どもたちの感情を育てる教師のかかわり――見えない「いじめ」とあ
　　る教室の物語――　明治図書出版

坂本昇一　1987　学校教育と学校精神衛生　こころの健康　2(2)　8-11.

曽山和彦　2019　誰でもできる！中１ギャップ解消法　教育開発研究所

髙橋朋彦・古舘良純　2019　授業の腕をあげるちょこっとスキル　明治図書出版

〈議論のポイント〉

　授業・特別活動（学校行事等）・掃除・昼食・朝の会・帰りの会などにおいて、生徒指導の
３機能を働かせる取り組みについて提案してみましょう。

〈読者のための読書案内〉

＊赤坂真二・つちやまなみ（マンガ）『マンガでわかる「気になる子」のいるクラスがまと
　まる方法』学陽書房、2015 年：どの子にも居場所があるクラスでは生徒指導の３機能が
　日常に溶け込んでいます。そうしたクラスの作り方がマンガという表現により臨場感を
　もって理解できます。

＊諸富祥彦『新しい生徒指導の手引き――すぐに使える「成長を促す指導」「予防的な指
　導」「課題解決的な指導」の具体的な進め方』図書文化社、2013 年：「生徒指導提要の作
　成に関する協力者会議協力者」として名を連ねる著者が生徒指導全般について具体的な指
　針を示した手引書です。

＊曽山和彦『誰でもできる！中１ギャップ解消法』教育開発研究所、2019 年：共感的な人
　間関係を育成するための簡潔で実践しやすい取り組みが具体的にわかります。この取り組
　みで「中１不登校ゼロ」を生んだ学校の実践を知ることができます。

※本章には JSPS 科研費 JP17K04870 の助成を受けた研究の知見を含みます。

3

生徒指導と教育相談

生徒指導や教育相談の一層の充実が学校現場に求められています。また、「ガイダンス」や「カウンセリング」という言葉が多く使われるようになりました。たとえば、小学校学習指導要領総則第4児童の発達の支援では「主に集団の場面で必要な指導や援助を行うガイダンスと、個々の児童の多様な実態を踏まえ、一人一人が抱える課題に個別に対応した指導を行うカウンセリングの双方により、児童の発達を支援すること」、「児童が、自己の存在感を実感しながら、よりよい人間関係を形成し、有意義で充実した学校生活を送る中で、現在及び将来における自己実現を図っていくことができるよう、児童理解を深め、学習指導と関連付けながら、生徒指導の充実を図ること」、「児童が、学ぶことと自己の将来とのつながりを見通しながら、社会的・職業的自立に向けて必要な基盤となる資質・能力を身に付けていくことができるよう、特別活動を要としつつ各教科等の特質に応じて、キャリア教育の充実を図ること」など、指導や支援の充実が記されています。ここでは、生徒指導と教育相談や学級経営との関係にふれながら生徒指導の考え方について具体的に説明します。

第1節 ： 生徒指導と教育相談の関係

　昭和20年代にアメリカからガイダンス理論が導入されました。児童生徒が自己理解を進め、自己指導力を高めることによって自己実現を図ることができるように支援するというのがガイダンスの考え方でした。このガイダンスが生徒指導です。ガイダンスの中心がカウンセリングでした。しかし、現実問題として問題生徒の取り調べや説論が多かったために「生徒指導といえば説論や取り調べ」のイメージが強くなってしまい、訓育的指導に偏っていたため、枠づ

けや主体性の欠如といった弊害も多かったと考えられました。

昭和30年代に入り、全国に児童相談所が次々と設けられ、全国に教育研究所や教育センターが広がりました。そこでは問題解決のための教育相談が来談者中心療法中心に行われました。その後、この方法を専門機関で学んだ一部の教師によって学校での教育相談がなされるようになりました。ところが、教育相談において大切にされる傾聴の姿勢が、児童生徒を甘やかしているのではないか、という誤解を生み、生徒指導と対立するようになりました。

昭和50年代、生徒指導においても相談的指導（援助的指導、個別指導）をもっと重視していく必要があるということで、両輪説が生まれてきました。管理的指導に対して援助的指導を、集団指導に対して個別指導を重視することが必要であると考えられたのです。それ以前には、集団の方が個よりも先、援助よりも強力な指導の方が、効果があると考えられてきました。そしてどちらかといえば、体育会系の教師が生徒指導担当になり、集団に対して取り締まったり、警告を与えたりして反社会的行動を押さえ、枠から逸脱する者がいないようにしてきました。また、教師が訓育的指導と相談的指導の両方を調和的に進めることが大切であるという説も出てきましたが、訓育的指導と相談的指導は、1人の教師のなかでは相反するところがあるので、統合して調和のとれた生徒指導を進めることは困難だったのです。

昭和60年代から平成にかけて、「教育相談は生徒指導の中核」という考え方が生まれました。教師が、対応するその生徒自身のために叱るという相談的姿勢で叱れば、生徒は叱り方で教師の姿勢を敏感に察するのです。訓育的な指導の中核に相談的な姿勢をもってあたる時、訓育的指導と相談的指導は矛盾なく統合されるといえます。

生徒指導と教育相談の相違点としては、まず、対象の違いです。生徒指導は主として「集団」を対象にしますが、教育相談は主として「個人」を対象としています。生徒指導は主に集団に焦点を当て、行事や特別活動などにおいて、集団としての成果や変容を目指し、結果として個の変容に至るところにあります。教育相談は面接や演習などを通して直接個人の内面の変容を図ろうとして

います。また、児童生徒の問題行動に対する指導や、学校・学級の集団全体の安全を守るために管理や指導を行う部分は生徒指導の領域である一方、指導を受けた児童生徒にそのことを自分の課題として受け止めさせ、問題がどこにあるのか、今後どのように行動すべきかを主体的に考え、行動につなげるようにするには、教育相談における面接の技法や、発達心理学、臨床心理学の知見が、指導の効果を高める上でも重要な役割を果たしえます。このように教育相談と生徒指導は重なるところも多くありますが、教育相談は、生徒指導の一環として位置づけられるものであり、その中心的な役割を担うものといえます。

第2節 夢と希望を育てる生き方の教育の視点から

（1）生き方の教育とは

　中学校学習指導要領第1章第4の1の（3）には「生徒が、学ぶことと自己の将来とのつながりを見通しながら、社会的・職業的自立に向けて必要な基盤となる資質・能力を身に付けていくことができるよう、特別活動を要としつつ各教科等の特質に応じて、キャリア教育の充実を図ること。その中で、生徒が自らの生き方を考え主体的に進路を選択することができるよう、学校の教育活動全体を通じ、組織的かつ計画的な進路指導を行うこと。」とあります。

　生き方の教育とは、将来の夢と希望をもち、「人間としていかに生きるか」を考える教育です。生き方の教育は、夢と希望をもたせることから始まります。そのためには、将来の夢や希望を児童生徒にくり返し問うことが大切です。夢や希望は、自己理解が進み、学力が高まり、世の中の見方や考え方が変われば変化するものです。考え方が変わっても夢や希望はもち続けることが大切です。

　キャリア教育の視点から見れば、人間関係形成・社会形成能力、自己理解自己管理能力、課題対応能力、キャリアプランニング能力といった基礎的・汎用的能力を育てることも大切です。これらは、教科や領域の学習のなかに価値を見出すことができます。教科のなかに織り込まれているという見方です。

（2）事例（自尊感情を育てる）

　小学校低学年の児童の夢や希望を育てる時、友だちやまわりのおとなに対する尊敬の気持ちをもつきっかけを与えることが大切です。たとえば、友だちのすばらしさやおとなのすばらしさに気づかせるのです。「ヒロシさんは、すごいな。だって絵が上手なんだから」「お母さんはすごいな。だってお料理が上手なんだから」というように１年生でも表現することができます。

　中学年では、ライフステージごとの自分をイメージさせます。たとえば、「中学生になったら」、「おとなになったら」、「お父さんやお母さんくらいになったら」、「おじいさんやおばあさんになったら」それぞれどのようなことをしたいか、どのような様子かを想像させ絵に描かせたり作文を書かせたりします。

　高学年では年表形式で表現させます。そうすると、将来が点ではなく線で表現できます。たとえば野球の選手になりたいという希望があれば、中学や高校で野球部に入る。甲子園の全国大会に出場する。プロの球団に入る。選手を引退する。コーチになるというように年齢とともにどのような状況になるかをより具体的に想像できます。こうしたことをくり返し、夢や希望を育てます。

第3節　一人ひとりを大切にする学級経営の視点から

（1）公的な場としての学級

　学級経営は、学校教育目標の具現化の営みです。教師は、学校教育目標、指導の重点目標、具体的な指導・対応方法などに対して共通理解を図ります。そして、一人ひとりの児童生徒の人格を尊重し、個性の伸長を図りながら、社会的資質や行動力を高め、すべての児童生徒のそれぞれの人格のより良き発達とともに、学校生活がすべての児童生徒にとって有意義で興味深く、充実したものになる学級経営を目指します。

　学校や学級は「公的な場」です。社会の縮図でもあります。公的な場であるからこそ、基本的人権が尊重され、安全で安心できる場になります。そして、

公的な場として「平等」と「公平」が保たれた生活を送ることにより、教育基本法にある「平和で民主的な国家及び社会の形成者」を育てることができるのです。

（2）言語環境を整え、言語力を高める

　学校教育では、毎日のように、聞く、話す、読む、書くといった言語活動の指導がなされています。そのなかに**人権**尊重の視点に立って豊かな言語環境を整えるということを意識した指導を行えば、より良い人間関係をつくることができます。

　小学校学習指導要領解説総則編第3章第3節（2）の「言語環境の整備と言語活動の充実」のなかで、「児童の言語活動は、児童を取り巻く言語環境によって影響を受けることが大きいので、学校生活全体における言語環境を望ましい状態に整え」るために、「①教師は正しい言葉で話し、黒板などに正確で丁寧な文字を書くこと、②校内の掲示板やポスター、児童に配布する印刷物において用語や文字を適正に使用すること、③校内放送において、適切な言葉を使って簡潔に分かりやすく話すこと、④より適切な話し言葉や文字が用いられている教材を使用すること、⑤教師と児童、児童相互の話し言葉が適切に用いられているような状況をつくること、⑥児童が集団の中で安心して話ができるような教師と児童、児童相互の好ましい人間関係を築くことなどに留意する必要がある。」さらに「小学校の段階では、教師の話し言葉などが児童の言語活動に与える影響が大きいので、それを適切にするよう留意することが大切である」と述べています。

　言語環境を整えることは、学級経営の基礎基本です。一人ひとりを大切にした言語環境をつくる、言語力を高め、自分も相手も大切にする学級風土を育てることが自己指導力を育てるのにふさわしい環境であるといえます。具体的な方法としては、学校は公的な場であり、家庭とは違ったあらたまった言葉遣い（公的な言葉）があること、また、それによってみんなが安心して生活できることを体験的に教えることです。たとえば、自分のことを「○○はね……。」で

はなく「わたしは……です。」、「パパ」「ママ」ではなく「お父さん」（父）「お母さん」（母）と呼ぶことなどというように基本的なことを確実に教えることです。

（3）授業の場で児童生徒に居場所をつくる

　授業で活躍の場をつくることは、すべての児童生徒が学習内容を楽しく理解し、得意分野を積極的に生かし、学習に対して充実感や達成感を味わい、自己理解を深め、将来の自分の生き方を考える際の基盤になります。

　授業で児童生徒一人ひとりが大切にされる経験は、友だちと協力しあいながらともに学びあう大切さも実感できます。自分と違った友だちの見方や考えなどを認めたり、学習に遅れがちな友だちやつまずいている友だちを支えたりすることは、児童生徒一人ひとりが互いの違いを認めあい、互いに支えあい、学びあう人間関係を醸成することにつながり、思いやりのある心や態度を形成することができます。

 ## 第4節 ┆ 人権意識と社会性を育てる視点から

（1）人権意識を育て、心が通う学級風土に

　学校や学級は、安全で安心できる「公的な場」であり、基本的人権が尊重されていなければなりません。そこで参考にしたいのがアサーションの考え方です。アサーションは、「自分も相手も大切にした自己表現」です。アサーションには、「アサーション権」という基本的人権の考え方があります。筆者は、表3-1にあるアサーション権を児童生徒に紹介しています。

　こうした指導を行うと「友だちに誘われたから断ってはいけない」とか「学級会で発言した意見は変えてはいけない」といった児童生徒の思い込みをなくし、心が通う学級風土をつくることができます。

表3-1 「自分の意見や考え、気持ちなどを表現してよい 基本的な権利（アサーション権）」

人はだれもが、生まれつき、自分の意見や考え、気持ちなどを表現してよい権利があります。だから、自分がその権利を使いたいときは、使ってよいのです。ただし、相手にも同じように自分の意見や考え、気持ちなどを表現してよい権利がありますから、それを妨げてはいけません。

「自分の意見や考え、気持ちなどを表現してよい 基本的な権利」

1. 人は誰でも大切にされる権利をもっています。
2. 人はみんな違っています。だから違った感じや考えをもってよいのです。
3. 人間は不完全です。だから失敗することがあってもよいのです。
4. 人は誰もが自分の考えや気持ちをわかってもらいたいのです。だから言ってよいし、言わないとわかってもらえないのです。
5. 誰もが自分がどうするかを決めてよいのです。だから人と同じでないことに罪悪感や劣等感をもつ必要はないのです。
6. 人はゆとりのある時もあれば、ない時もあります。だから手助けをしたり、してもらったりすることが大切です。自立することは一人で生きることではなく、ともに助けあって生きることです。
7. 何かに誘われた時、いつもそれにつきあわなくてもよいのです。（一人になる権利）
8. 自分が人より優れていたり、上手にできたりしてもよいのです。（成功する権利）
9. 前に言ったことを後で考え直したり、深く考えたりした後、前に発言したことを取り消してもよいのです。

（2）アサーションで社会性の基礎を育てる

　児童生徒のトラブルの原因の大半は「心ない一言」です。たった一言で学級の雰囲気が悪くなることがあります。せっかくのやる気や夢が一瞬にして消えてしまうこともあります。そこで、児童が相手や場に応じた適切な自己表現の仕方を身につければ「心ない一言」は減少します。学校におけるトラブルは児童生徒のあいだだけで起こるわけではありません。児童生徒と教師、保護者と教師のあいだの誤解も「言葉遣い」や「自己表現」に原因があると考えています。

　アサーションとは、「自分の意見、考え、気持ちを正直に、率直にその場にふさわしい方法で表現すると同時に、相手が表現することを待ち、聴いたり理解しようとしたりすることも忘れない態度」のことです。相互の関係性を大切にした自他尊重のコミュニケーションです。児童生徒が自分の意見や考えを聴く人の立場になってわかりやすくはっきりと伝えると同時に、話す人の立場になって相手の話を最後まできちんと聴き、理解しようとする態度を育てること

でもあります。これは社会性の基本です。

　このような態度を育てるためには、アサーション権の指導やアサーティブな考え方の指導が大切です。アサーションは自己表現のスキルというより人間教育です。人権意識に基づいた言語環境や教室環境を整え、学校教育全体の質の向上にも配慮した取り組みが必要です。

（3）毎日取り組める事例

　小学校では授業のはじめと終わりに日直が号令をかけます。その時「起立、礼、着席」ではなく、その時間の学習のめあてとふり返りを表現するようにします。たとえば「これから算数の学習を始めます。今日は平行四辺形の面積の求め方をいろいろ考えたいと思います」、「平行四辺形の面積は長方形に直して求めることがわかりました。だから『底辺×高さ』で求められることもわかりました。これで算数の学習を終わりにします。礼」というように日直が言うのです。

　日直は毎時間違った表現をする機会があります。また、日直は毎日変わるので、すべての児童が1年間に何回か経験できます。この毎日のくり返しがトレーニングになり、児童の表現力は向上します。さらに、はじめのめあてと終わりのふり返りを言うために、授業に集中して取り組むようにもなります。言語環境だけでなく学習態度の向上にもつながります。こうした経験がやがて自信となり自尊感情を育てることにつながります。

第5節　児童生徒理解と生徒指導体制

（1）児童生徒理解の意義

　『生徒指導提要』では児童生徒の理解の意義について、「児童生徒の人格を望ましい方向に形成させようとするときに」、「それぞれの個性を生かし、個人のもつ特徴に従って進める」ために、「児童生徒のもつそれぞれの特徴や傾向をよく理解し、把握すること」であるとしています。児童生徒をよく理解するこ

とによって、長所や短所もはっきりすることになり、また、いつ、どのような
方法によって指導するのがもっとも効果的であるかということも明らかになり
ます。

（2）児童生徒理解から包括的生徒指導へ

　学校にはいじめや**不登校**対応など、生徒指導に関する校内委員会があります。
この委員会は、**生徒指導主事**や**教育相談コーディネーター**が要となり、運営さ
れています。教師一人ひとりがもっている児童生徒に関する情報を提供しあい、
児童生徒を多面的に理解します。また、**スクールカウンセラー**などの専門家を
交え、より深く検討し、専門的な助言を得ることも大切です。

　そして、問題を抱えている児童生徒を対象にした問題解決的支援、問題を抱
え始めている児童生徒を対象にした予防的な支援、すべての児童生徒を対象に
した開発的な支援というように包括的に考えます。包括的生徒指導は、意図的、
計画的、組織的、継続的に「チーム学校」の考え方で行うことが大切です。生
徒指導主事や教育相談コーディネーターは、ますます重要になります。

（鈴木　教夫）

〈引用・参考文献〉

文部省　1981　生徒指導の手引（改訂版）大蔵省印刷局

文部省　1982　児童の理解と指導　大蔵省印刷局

文部科学省　2011　生徒指導提要　教育図書

文部科学省　2017　小学校学習指導要領解説　総則編　東洋館出版

文部科学省　2017　中学校学習指導要領解説　総則編　東山書房

内藤勇次1997　夢と希望を育てる生き方の教育　学事出版

嶋﨑政男　2019　新訂版教育相談基礎の基礎　学事出版

園田雅代・鈴木教夫・他　2013　イラスト版子どものアサーション　合同出版

八並光俊・國分康孝（編）　2008　新生徒指導ガイド——開発・予防・解決的教育モデルに
　　よる発達援助——　図書文化社

〈議論のポイント〉

　小学校から高等学校までの生活のなかで、自分が経験した生徒指導または教育相談を紹介し、自分の成長にどのような影響や意味があったのかふり返ってみましょう。

〈読者のための読書案内〉

＊嶋﨑政男　『新訂版教育相談基礎の基礎』　学事出版、2019 年：教育相談を基礎からきちんと学びたい人にお勧めです。わかりやすく資料も豊富です。

＊八並光俊・國分康孝（編）『新生徒指導ガイド──開発・予防・解決的教育モデルによる発達援助──』　図書文化社、2008 年：生徒指導、教育相談、キャリア教育、ガイダンス、チーム援助などを体系的にわかりやすくまとめた本です。

4

教育課程と生徒指導

　生徒指導は、教育課程の全領域と密接に関わって機能しています。たとえば、道徳科の授業では、親切、思いやり、感謝、生命の尊さ、より良く生きる喜びなどの学習を通して、生徒指導を進める望ましい雰囲気を醸成することができ、道徳の授業を生徒指導につなぐことができます。また、特別活動における学級活動やホームルーム活動などは、生徒指導の機能が働きやすい教育活動です。こうしたことから、教育課程と生徒指導の相互関係を理解しておくことは、それぞれの教育活動を効果的に進めるために大切です。本章では教育課程と生徒指導のかかわりをふまえながら、各教科・道徳教育・総合的な学習（探究）の時間・特別活動における生徒指導の意義や重要性について学んでいきます。

第1節　教育課程における生徒指導の位置づけ

　教育課程と生徒指導との相互関係を理解しておくことは、教育活動を一層効果的にするために重要なことです。生徒指導に関する学校・教職員向けの基本書である『**生徒指導提要**』（文部科学省，2010）によれば、**教育課程**とは、「教育の目標を達成するために、国の定める教育基本法や学校教育法その他の法令及び学習指導要領や教育委員会で定める規則などの示すところに従って、学校において編成される教育計画」のことです。小・中学校は、各教科、道徳科、外国語活動（小学校のみ）、総合的な学習の時間および特別活動、高等学校では、各教科に属する科目、総合的な探究の時間および特別活動が教育課程に含まれています。

　一方、**生徒指導**とは、「教育課程における特定の教科等だけで行われるものではなく、教育課程のすべての領域において機能することが求められています。

そして、それは教育課程内にとどまらず、休み時間や放課後に行われる個別的な指導や、学業の不振な児童生徒のための補充指導、随時の教育相談など教育課程外の教育活動においても機能するもの」（文部科学省，2010）であるとされています。

　生徒指導の対象は、教育課程内の教育活動（各教科、道徳、外国語活動、総合的な学習の時間、特別活動）だけではなく、教育課程外（休憩、校内清掃、登下校、放課後の課外活動など）の教育活動も含まれています。つまり、児童生徒のいる場所では常に生徒指導の視点に基づいたかかわりが求められています。

第2節　各教科における生徒指導

（1）主体的・対話的で深い学びを引き出す指導

　これまで各教科の授業は、主に一斉教授であり、全教員が同じ進度で決められたカリキュラムを児童生徒に伝達する方法がとられてきました。しかし、近年ではグループ学習など「アクティブラーニング」型の授業方法を取り入れることで、児童生徒の「**主体的・対話的で深い学び**」を引き出すことが重要視されています。このような主体的・対話的で深い学びへの転換により、児童生徒の学習意欲を呼び起こすと考えられています。また、教師が児童生徒を理解する機会を見出すことで、生徒指導上の諸問題の解決に寄与することが期待できます。さらに、少人数グループや習熟度別指導といった、一人ひとりに目が行き届いた授業は、児童生徒を適切に評価するだけでなく、評価の結果によって後の指導を改善し、さらに生徒指導の質を高めることにつながります。同時に、学習場面での評価を児童生徒のみならず、通信簿や面談などの機会を通じて、保護者にも日常的に説明することが大切です。教科において生徒指導を行う際も、児童生徒に対するたしかな理解に基づき、それぞれの家庭の状況を十分にふまえて、適切に指導する必要があります。

（2）学習指導における生徒指導

　各教科の授業は、児童生徒にとって学校生活の大半を占めており、学習指導と生徒指導とのかかわりが大いにみられます。同時に、教科の目標や内容には、生徒指導のねらいとするものが含まれている場合があります。たとえば、国語科・社会科・道徳科等において児童生徒の生き方と直接関わる単元や題材を扱う際には、各教科の学習指導がそのまま生徒指導のねらいの達成に貢献することになります。そのため、小学校の学級担任は授業を通して児童をよく観察し、その様子から一人ひとりの児童の課題や状況を理解・把握しておく必要があります。一方、中学校や高等学校においては、学級・ホームルーム担任と教科担任との積極的な情報交換が大切です。

　学級には多様な児童生徒が存在し、さまざまな人間関係が構築されています。児童生徒が楽しく学習に参加するためには、まず学校生活の基盤である学級に居場所が必要となります。学級内での人間関係は、授業での活動に大きく影響を及ぼすことから、好ましい人間関係やより良い集団を作るために、教師が授業でグループ活動を組み入れたり、意図的に共同して学ぶ場を設けたりすることが有効です。教科の学習活動中、たとえば理科の実験や音楽・体育などで、教師と児童生徒が、また児童生徒同士が人間的にふれあったりぶつかりあったりすることがあり、児童生徒が基本的な行動様式について学ぶ絶好の場になります。これは、教師にとって児童生徒の理解につながる良い機会であるとともに、生徒指導の機会にもなります。児童生徒はお互いの立場を尊重し認めあうこととなり、一人ひとりが自己存在感や自己有用感を実感することができます。すなわち、学習指導を通じた居心地の良い学級作りは、生徒指導が充実するための基盤といえます。

第3節　道徳教育における生徒指導

（1）道徳教育の目標と生徒指導

　これまでの「道徳の時間」は、2017（平成29）年に告示された学習指導要領

により、「**特別の教科　道徳**」となりました。現在、小学校では2018（平成30）年4月から、教科としての道徳科の授業が行われています。中学校でも翌年4月から道徳科が完全実施されています。

『学習指導要領解説 特別の教科 道徳編』（文部科学省, 2017a）では、道徳教育の目標について「自己（人間として）の生き方を考え、主体的な判断の下に行動し、自立した一人の人間として他者と共によりよく生きるための基盤となる道徳性を養うこと」（括弧内は中学校）と示されています。このように、道徳教育は児童生徒の「道徳性を養うこと」を目標としています。学習指導要領によると、「道徳性」とは「人間としてよりよく生きようとする人格的特性であり、道徳教育は道徳性を構成する諸様相である道徳的判断力、道徳的心情、道徳的実践意欲と態度を養うこと」（文部科学省, 2017a）とあります。すなわち、**道徳的判断力**は善悪を判断する能力のことであり、**道徳的心情**とは善を行うことを喜び、悪を憎む感情のことです。さらに、**道徳的実践意欲と態度**とは、道徳的判断力や道徳的心情によって価値があるとされた行動をとろうとする傾向を意味しています。

生徒指導では、道徳教育を通して培った道徳性や道徳的な判断力、心情、実践意欲と態度を、日常の生活場面で活用できるように援助・指導することが重要な役割となります。道徳教育と生徒指導は密接に関連しており、児童生徒の生き方や社会性の発達を助ける教育活動という面で相互補完関係にあるといえます。

（2）道徳科の授業と生徒指導の関係を生かした指導

道徳科はこれまでの「道徳の時間」と同じく、道徳教育の要^{かなめ}であることに変わりはありませんが、教材は従来の副読本や読み物資料だけでなく、検定教科書が使用されており、教科になったことで記述式評価も導入されました。学習指導要領において道徳科の目標は、表4-1のように示されています。ここで示された道徳的価値とは、「よりよく生きるために必要とされるものであり、人間としての在り方や生き方の礎となるものである」（文部科学省, 2017a）とされ

ています。

表 4-1　道徳科の目標（文部科学省，2017a より作成）

よりよく生きるための基盤となる道徳性を養うため、道徳的諸価値についての理解を基に、自己を見つめ、物事を（広い視野から）多面的・多角的に考え、自己（人間として）の生き方についての考えを深める学習を通して、道徳的な判断力、心情、実践意欲と態度を育てる。（括弧内は中学校）

　また、道徳科の内容項目は、表 4-2 の 4 つの観点から児童生徒の発達段階に応じて系統的に整えられており、この内容項目の指導を生徒指導につなげることも可能です。

表 4-2　道徳科の内容項目（文部科学省，2017a より作成）

A　主として自分自身に関すること
B　主として人との関わりに関すること
C　主として集団や社会との関わりに関すること
D　主として生命や自然、崇高なものとの関わりに関すること

　道徳科の授業においては、心の揺れや葛藤などの問題を取り上げ、児童生徒が自分自身の体験をふまえ、道徳的価値に向きあい、その意義や困難さ、多様さなどを理解できるようにすることが大切です。近年、情報技術の急速な発達に伴って、学校教育では「**情報モラル教育**」の指導が必要不可欠となっています。情報収集のためのインターネット利用や SNS（social networking service）によるいわゆる「ネットいじめ」の問題など、求められる情報スキルやモラルは日々更新されており、それに対応した指導が求められています。道徳科や生徒指導では、インターネットや SNS は使い方によっては相手を傷つけ人間関係に負の影響を及ぼすことや、インターネット上のルールや著作権などについて指導を行う必要があります。

第4節　総合的な学習（探究）の時間における生徒指導

（1）総合的な学習（探究）の時間を通した自己指導能力の育成

　総合的な学習の時間の目標は、2017（平成 29）年の『学習指導要領解説 総合

的な学習の時間編』において表4-3のように示されています。高等学校では翌年の学習指導要領によって、名称が「総合的な学習の時間」から「**総合的な探究の時間**」へと変更されました。また、学習指導要領では、目標の冒頭に「探究的な見方・考え方を働かせる」という文言があらたにつけ加えられました。

表4-3　総合的な学習（探究）の時間の目標〈文部科学省，2017bより作成〉

探究的な見方・考え方を働かせ、横断的・総合的な学習を行うことを通して、よりよく課題を解決し、自己の生き方（自己の在り方生き方）を考えていくための資質・能力を次のとおり育成する。（括弧内は高等学校）

　探究的な見方・考え方とは、「各教科等における見方・考え方を総合的に活用するとともに、広範な事象を多様な角度から俯瞰して捉え、実社会・実生活の課題を探究し、自己の生き方を問い続けることである」〈文部科学省，2017b〉とされています。各学校は学習指導要領で示された上述の目標をふまえ、総合的な学習（探究）の時間を構想していく必要があります。『学習指導要領解説 総合的な学習の時間編』では、探究課題の設定例や他教科との関連が示されています。目標を実現するためにふさわしい探究課題として、①現代的な課題（国際理解、情報、環境、福祉、健康など）、②地域や学校の特色に応じた課題、③児童の興味・関心に基づく課題などが例にあげられています。このような探究活動は、特定の教科の枠組みに収まるものではなく、教師が教科横断的な授業を構想し、学校として指導計画を適切に作成することが求められています。総合的な学習（探究）の時間において、児童生徒が直面する課題や自己の生き方を考えることは、生徒指導のねらいである「**自己指導能力**」や「**自己実現のための態度や能力**」を育成することとなり、生徒指導の充実を図ることにもつながります。

（２）生徒指導の機能が働く探究的な学習

　総合的な学習（探究）の時間には、日常生活や社会に生起する複雑な問題について、その本質を探って見極めようとする「**探究的な学習**」が行われなければなりません。探究的な学習を実現するためには、①課題の設定、②情報の収

集、③整理・分析、④まとめ・表現の「**探究のプロセス**」が重要となります。

　学習指導要領では児童生徒が、「①日常生活や社会に目を向けた時に湧き上がってくる疑問や関心に基づいて、自ら課題を見付け、②そこにある具体的な問題について情報を収集し、③その情報を整理・分析したり、知識や技能に結び付けたり、考えを出し合ったりしながら問題の解決に取り組み、④明らかになった考えや意見などをまとめ・表現し、そこからまた新たな課題を見付け、更なる問題の解決を始めるといった学習活動を発展的に繰り返していく。」（文部科学省，2017b）と説明されています。

　ただし、探究のプロセスを進めるためには、児童生徒が「考えるための技法」（「比較する」、「分類する」、「関連づける」など）や情報活用能力、問題発見・解決能力をもちあわせていなければなりません。そこで教師は児童生徒の学習状況を把握することに努め、探究活動の具体的な場面において、各々に応じた適切な指導・支援をすることが必要となります。また、生徒指導の機能を有効に働かせ、児童生徒の「自己指導能力」や「自己決定のための態度や能力」を育成することが求められます。

第5節　特別活動における生徒指導

（1）特別活動の目標と３つの視点

　特別活動は、さまざまな集団活動や人間関係を通して学校生活上の諸課題を解決し、達成に向けて取り組む体験活動を特徴としており、学校教育のなかで独自の教育機能をもっています。小・中・高等学校の『学習指導要領解説』において、特別活動の目標は「集団や社会の形成者としての見方・考え方を働かせ、様々な集団活動に自主的、実践的に取り組み、互いのよさや可能性を発揮しながら集団や自己の生活上の課題を解決することを通して」（文部科学省，2017c）、資質・能力の育成を目指すとされています。

　学習指導要領では、特別活動で育成を目指す資質・能力について「**人間関係形成**」、「**社会参画**」、「**自己実現**」という３つの視点が示されました。人間関係

形成とは、集団のなかで人間関係を自主的・実践的によりよいものへと形成する視点のことです。社会参画とは、よりよい学級・学校生活作りなど、集団や社会に参画しさまざまな問題を主体的に解決しようとする視点のことです。自己実現とは、集団のなかで現在および将来の自己の生活の課題を発見し、よりよく改善しようとする視点のことです。これらの視点は、『生徒指導提要』に示された表4-4の内容と重なる部分があります。そのため生徒指導にあたっては、教師が児童生徒に対する理解を深め、相互の信頼関係を築くことによって、児童生徒の自発性や自主性、自律性を育むことができるようにしなければなりません。

表4-4 特別活動と生徒指導とのかかわり （文部科学省，2011）

（1）所属する集団を、自分たちの力によって円滑に運営することを学ぶ
（2）集団生活の中でよりよい人間関係を築き、それぞれが個性や自己の能力を生かし、互いの人格を尊重し合って生きることの大切さを学ぶ
（3）集団としての連帯意識を高め、集団（社会）の一員としての望ましい態度や行動の在り方を学ぶ

（2）特別活動といじめの未然防止等を含めた生徒指導との関連

　教育課程内の教育活動のなかで、特別活動は生徒指導ともっとも関連性の高い領域です。なぜなら、特別活動は学級活動（高校はホームルーム活動）や児童会活動（中高は生徒会活動）、学校行事、クラブ活動（小学校のみ）といった集団活動を通して、望ましい人間関係の構築や所属集団の運営を実践する場となるからです。とくに、生徒指導の中核的な場である**学級（ホームルーム）活動**では、各教科等の時間以上に生徒指導の機能が作用しているといえます。学習指導要領において、特別活動と生徒指導との関連は、表4-5のように示されています。

表4-5 生徒指導等との関連 （文部科学省，2017c）

学級活動における児童の自発的、自治的な活動を中心として、各活動と学校行事を相互に関連付けながら、個々の児童についての理解を深め、教師と児童、児童相互の信頼関係を育み、学級経営の充実を図ること。その際、特に、いじめの未然防止等を含めた生徒指導との関連を図るようにすること。

図4-1のように学級活動においては、①問題の発見・確認、②解決方法等の話し合い、③解決方法の決定、④決めたことの実践、⑤ふり返りといった基本的な学習過程が考えられます。自発的、自治的な活動を中心とした学級（ホームルーム）活動は、児童生徒が互いの人格を尊重し、個性を伸長させる場となります。また、社会的資質や行動力を高めることができます。いじめなどの問題行動は、学級内の人間関係に起因していることが指摘されており、学級経営と生徒指導の関連を図った学級（ホームルーム）活動の充実が重要です。学級（ホームルーム）活動を通して、児童生徒が自己と他者の価値観や文化の違いを理解しあうとともに、教師が自己肯定感を高める指導を行うことで、「**いじめの未然防止**」に寄与できると考えられます。

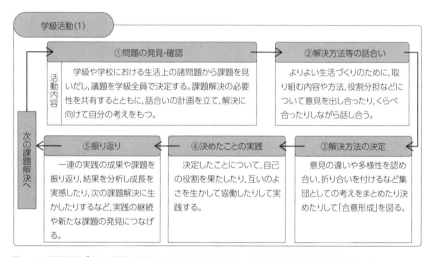

図4-1　学級活動「（1）学級や学校における生活づくりへの参画」の学習過程（例）（文部科学省，2017c）

（鈴木　和正）

〈引用・参考文献〉

広岡義之（編）　2013　教育実践に役立つ生徒指導・進路指導論——『生徒指導提要』に触れつつ——あいり出版

小泉令三・友清由希子（編）　2019　キーワード生徒指導・教育相談・キャリア教育　北大
　　路書房
文部科学省　2010　生徒指導提要　教育図書　pp.32-33
文部科学省　2017a　小学校学習指導要領（平成29年告示）解説 特別の教科道徳編
文部科学省　2017b　小学校学習指導要領（平成29年告示）解説 総合的な学習の時間編
文部科学省　2017c　小学校学習指導要領（平成29年告示）解説 特別活動編
長島明純（編）　2020　はじめて学ぶ生徒指導とキャリア教育　ミネルヴァ書房
中村豊（編）　2019　『生徒指導提要』の現在を確認する理解する　学事出版

〈議論のポイント〉
　教育課程と生徒指導とがどのように補完しあう関係にあるのかを話しあってみましょう。

〈読者のための読書案内〉
＊小泉令三・友清由希子（編）『キーワード　生徒指導・教育相談・キャリア教育』北大路
　書房、2019年：教育課程と生徒指導との関連がわかりやすく解説されています。また、
　生徒指導・教育相談・キャリア教育に関するキーワードや主要概念がトピック別に紹介さ
　れており、読みやすいです。
＊長島明純（編）『はじめて学ぶ生徒指導とキャリア教育』ミネルヴァ書房、2020年：新学
　習指導要領や『生徒指導提要』の内容をふまえながら、教育課程における生徒指導の位置
　づけと、各教科・道徳教育・総合的な学習の時間・特別活動における生徒指導の意義や重
　要性について詳しく解説されています。
＊広岡義之（編）『教育実践に役立つ生徒指導・進路指導論』あいり出版、2013年：生徒指
　導と教育課程のかかわりを、教科、総合的な学習の時間、道徳教育、特別活動など、それ
　ぞれの特徴をふまえながらわかりやすく紹介しています。

生徒指導の方法—集団指導と個別指導

5

あなたの小中学校の頃を思い出してください。日本の学校はいつも『集団』というイメージがありませんか？　そうです。日本の学校は、『学級』という集団を基本に活動しています。大きい集団は学校全体、次に学年、学級、小さい集団では班があります。学校の学習は、いつも集団です。「学校では、個別で学習したり活動したりした経験があまりなかった」そんな感じがしていませんか？　しかし、「あなた1人でやりましょう」とか「個人で」と言われると、なんとなく不安になったり心配になったりしませんか？　集団指導のよさ、個別指導の必要性は何でしょう。

第1節　集団指導と個別指導

　学校では、小学生を児童、中学生高校生を生徒と呼んでいます。児童生徒の指導を『生徒指導』といいます。学級や学校で児童生徒の集団を対象に指導することを『集団指導』、それに対して1人を対象に行う指導を『個別指導』といいます。現在の日本では小中高とも学級単位で生徒指導が行われています。もちろん、学校全体で、学年単位で、また班など小集団で行われる場合もあります。これらは集団で行っているのですべて「集団指導」です。それに対し個別指導は、1人の児童生徒に対して行うものですが、1対1での指導と集団のなかで個別（1人）に指導するものとがあります。

　集団指導を通して個を育成し、個の成長が集団を発展させる相互作用をねらっています。そのためには、教師は児童生徒をよく理解し、教員間では共通理解を図ることが大切です。

　集団指導は、①「成長を促す指導」②「予防的な指導」③「問題解決的な指導」の3つの目的に分けることができます（図5-1）

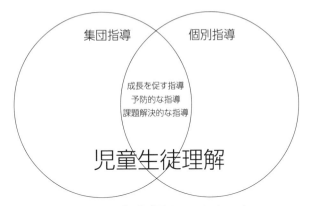

成長を促す指導
予防的な指導
課題解決的な指導

集団指導

個別指導

児童生徒理解

図 5-1　集団指導と個別指導の指導原理（文部科学省, 2010）

（1）集団指導と個別指導のバランス

　教育の最大の目的は、一人ひとりが「生きる力」をつけることです。教育基本法第1条に「教育は、人格の完成を目指し、平和で民主的な国家及び社会の形成者として必要な資質を備えた心身ともに健康な国民の育成を期して行われなければならない」とあります。また教育振興基本計画のなかに「個性を尊重しつつ能力を伸ばし、個人として社会の一員として生きる基盤を育てる」とあります。

　総じていうと、一人ひとりの個性を大切にしながら「生きる力」を伸ばすために働きかけることが生徒指導です。学校では、「集団指導」と「個別指導」の両方を上手に活用して行うことが重要です。

　人間は、集団や社会とのかかわりなしでさまざまなトラブルや問題を解決することはできません。そのため、教員は、児童生徒の発達に応じ、彼らが段階的に社会的存在としての人間の「私」的な面だけでなく、「公」的な面も併せもっていることを認識させていきます。

　また、個別指導には、①集団から離れて個人に行う指導と、②集団のなかで個に配慮する指導とがあります。集団に適応できない場合（不登校など）や、より発達的な指導・援助を求める場合には、集団から離れて行う個別指導の方が

効果的に児童生徒の力を伸ばせる場合があります（発達障害、知的障害など）。児童生徒の力を最大限に伸ばすために、集団指導と個別指導を上手にバランスよく取り入れることで、両方の相互作用が働きやすくなります。

(2)集団指導を通した「個の育成」

集団指導とは、集団全体のみに焦点をあてた指導をすることだけではありません。一斉講義指導であっても、集団内の児童生徒一人ひとりについて、個に配慮することが大切です。

教員は、児童生徒一人ひとりの良さや違いを大切にしながら、各自がもっている個性を伸ばすことが集団の発展にもつながっていくと理解しておくことが大切です。よって、集団指導と個別指導は別々なものではなく、集団に支えられて個が育ち、個の成長が集団を発展させたりすることを頭に入れておきましょう。

(3)教員のあり方

①児童生徒理解

学校現場において、生徒指導の推進、とくに児童生徒の「生きる力」を伸ばすために、教員は『児童生徒理解』を深める必要があります。たとえば、児童生徒の能力、適性、興味、関心、意欲、目標、家庭環境、今までの指導経緯など、本人や保護者、ほかの教員まで、さまざまな人から情報収集することが大切です。

②教員の共通理解

教員は、『共通理解』を図ることが大切です。学校の教育目標、指導の目標、具体的な指導・対応方法について教員同士で共通の理解をします。教員間で指導する基準が異なっていると、児童生徒は基準がわからず困惑します。教員が一生懸命であっても教員によって言うことが違うと児童生徒に不信感を与えかねません。

発達段階にもよりますが、児童生徒が生活している集団の環境では、教員の

言動が児童生徒の意識や行動に大きな影響を与えます。生徒指導で何を指導するか、教員の共通理解がとても大切です。

第2節 集団指導の方法原理

　集団活動を通して、児童生徒は社会で自立するために必要な力を身につけます。そのために教員は、集団活動の場や機会（チャンス）を作ります。もちろん児童生徒が自主性を大切にしながら実践できるように工夫しましょう。

（1）集団指導の教育的意義

　集団活動は、人が社会のなかで生きていく練習としてとても有益です。日本の学校教育は、集団単位が基本です。たとえば、学級、授業、クラブや部活動、児童会や生徒会、そして朝の会や帰りの会などの学級活動などを通して集団活動をします。

　児童生徒がいろいろな集団に属して幅広い活動をすることにより、人間関係も多様になります。このようにして生活体験も豊富になると、「社会的に自立」することを学ぶことができるのです。集団指導における教育的意義は、次の3つです。

① 「社会の一員としての自覚と責任」の育成

　第1に「社会の一員としての自覚と責任」の育成です。児童生徒は、集団指導を通して集団の規律やルールを守り、互いに協力しながら自分の責任を果たすことになります。それによって、集団や社会がどのように成り立っているかを理解した上で行動できるようになります。

　集団指導は、社会生活上のルールやモラルの意義について考える機会を与えることができます。正義感や公正さを重んじる心、自律・自制心の大切さについての理解を育み、ルールやマナーを体験的に習得していくことにつながるのです。

②「他者との協調性」の育成

　第2に「**他者との協調性**」の育成です。児童生徒が所属する学級集団などで、互いを尊重し良さを認めあうような体験を積み重ねていくと良い人間関係ができ、ともに助けあいながら生きていく態度や力が育ちます。児童生徒は、集団活動を通して他者を理解し、自己理解を深め、自分の感情や行動をコントロールできるようになり協調性が育ちます。

　教員が気をつけるべきことは、児童生徒が「活躍できる場」と「機会（チャンス）」を与えることです。たとえば、学級で「お楽しみ会」を行うとします。実行委員になった児童生徒が学級会に提案、計画決定、実践するまでを通して、役割の重要性を学んだり、時には自分を抑えて全体にあわせるなど自己統制を学んだりと協調性を身につけていきます。「集団の一員」であることを自覚したり、さらに互いに支えあう社会のしくみを自然と学び、「集団において自分が大切な存在」であることを実感し実体験として学んでいきます。

③「集団の目標達成に貢献する態度」の育成

　第3に「**集団の目標達成に貢献する態度の育成**」です。集団における共通の目標を設定し、その目標を達成するために、一人ひとりの児童生徒が自分の役割や分担を通して、実生活に起こる問題や課題の解決に向けて取り組んでいきます。そうすることで集団の目標達成に貢献できる態度が育っていきます。

　しかし、児童生徒は、集団の目標と個人の目標のあいだで葛藤する場合があります。そのような時、教員は児童生徒一人ひとりの個性や特性を十分生かすことを考えながら、集団全体の目標に参画していけるよう配慮することが大切です。

　学級会を通して、自分の思いや意見を学級全体に述べると同時に、友だちの意見に耳を傾けるなど、自分と異なる考えをもつ他者とのあいだでも、仲間意識を育むようになります。それをくり返すことにより、集団に帰属しているという感覚が育てられていきます。

（2）指導における配慮

　集団指導を進める上で大切なことは、「集団の目標に向かって励まし合いな

がら成長できる集団」をつくることです。そのため教員は、集団づくりのために以下のような工夫が必要です。①安心して生活できる、②個性を発揮できる、③自己決定の機会がある、④集団に貢献できる役割をもてる、⑤達成感・成就感をもつことができる、⑥集団のなかで存在感を実感できる、⑦ほかの児童生徒と好ましい人間関係を築くことができる、⑧自己肯定感・自己有用感を培うことができる、⑨自己実現の喜びを味わうことができる、などが『生徒指導提要』ではあげられています。しかし、1つの活動ですべて達成することは困難なので、多くの機会を作っていくことが大切です。その時の注意点は、児童生徒の発達段階や状況に適したものにすることです。

　教員が中心となって指導することが必要な場合もあります。とくにモデルを示すと児童生徒は実践しやすく、そのモデル以上の成果を得ることが期待できます。その上で児童生徒の自主性を尊重して実践します。児童生徒中心にして主体性を重んじるためには、うまく進まなかったり失敗したりしてもできるだけ児童生徒がみずから解決できるように、教員はヒントや工夫、支援などで粘り強く指導していくことが肝心です。

第3節　個別指導の方法原理

　生徒指導の大きな目的は、「社会で自立するために必要な力を身につける」です。そのためには、集団指導だけでなく、集団から離れて教師と児童生徒の1対1の指導が必要な場合があります。それが「個別指導」です。なぜ必要かというと、児童生徒にはさまざまな面で個人差があるからです。個別指導では、集団指導と違う配慮が求められます。

(1)個別指導における教育的意義
　「個性尊重」の考えは、臨時教育審議会（1987（昭和62）年）で述べられました。それ以降、学習指導要領や教育振興基本計画などで「個性を生かす教育」の重要性があげられるようになりました。これは、教育基本法第2条「個人の価値

を尊重して、その能力を伸ばし、創造性を培い、自主及び自律の精神を養うとともに、職業及び生活との関連を重視し、勤労を重んじる態度を養うこと」に依拠しています。そして「一人一人の児童生徒のよさや違いを大切にしながら、彼らが社会で自立していくために必要な力を身に付けていくことに対して支援をすること」を進めるためです。このことは、「個性の伸長を図りながら、社会的資質や行動力を高めることを目指して行われる」という生徒指導の目標と合致しています。なお、授業など集団で一斉に活動している場合でも、個別の児童生徒の状況に応じて配慮することも個別指導です。

(2)個別指導の目的

　個別指導といえば、「集団から離れて教員が別室で一定の時間をあてて児童生徒と１対１で指導すること」と考えられがちですが、（1）でも述べたように、集団のなかであっても個人に対して行うものは個別指導です。

　図5-1の生徒指導の３つの目的から個別指導を考えます。

①成長を促す個別指導

　「**成長を促す個別指導**」とは、すべての児童生徒を対象に個性を伸ばすことや自身の成長に対する意欲を高めることです。たとえば、a）各児童生徒にあった資料や情報を提供する、b）一人一人にあわせて学習技術について習得する、c）その子にあわせて学ぶチャンスを与える、d）将来の生き方については人によって違った方法があることを伝える、などです。

　集団の形態で行われる学習指導のなかでも学力の個人差に考慮した個別指導を行います。学校のあらゆる教育活動を通して、臨機応変に個別指導を行う必要があります。あらゆる教育活動とは、児童生徒が学校にいるあいだに行われることすべてです。休憩時間、放課後などももちろん含みます。

②予防的な個別指導

　予防的な個別指導とは、一部の児童生徒を対象に、深刻な問題に発展しないように初期段階で問題や課題を解決することをねらいとしています。教育基本振興計画では「未然防止、早期発見、早期対応につながる効果的な取り組み」

が必要であると述べられています。たとえば児童生徒が、a) 以前は元気に登校していたが遅刻や欠席をするようになった、b) ボーッとしている、なんとなく元気がない、c) 先生の側によく来る、d) 服装、身だしなみが変わってきた、などです。

　どの児童生徒も、学習、進路、対人関係、健康、経済的困難など、多少なりとも悩みをもっています。課題をもつ児童生徒への個別指導は、不安や悩みが増長する前に解決しましょう。とくに、学校生活への支障をきたさないように支援する必要があります。

　具体的な指導方法として、a) 児童生徒が抱えている課題そのものの解決を助ける方法、b) 本人が課題を解決できるように援助する方法などがあります。その子自身や問題の内容、発達段階などで異なりますが、生徒指導のねらいとして「自発的・主体的な成長・発達の過程を援助する働きかけをする」とあげられています。児童生徒が、「自らの力で課題を解決しようとする態度や力を身につけていくこと」は、この課題だけでなく、将来起こりうるさまざまな課題にも柔軟に対応して、社会で自立していくための力をつけることにもなります。

　教員は、児童生徒の変化を早期に発見することが大切です。たとえば、児童生徒理解を深めるため清掃や給食をともにすると、児童生徒の様子に敏感になり変化を見つけやすくなります。ほかの教員と情報交換をしたり、保護者と連携を密にとっていくことも大切です。このことは、集団のなかにおいて個別指導を行う上で有効な方法です。

　上述した、「成長を促す個別指導」「予防的な個別指導」は時間、場所、対象者を特定していません。普段から児童生徒をよく観察し、必要に応じて個別指導の機会をつくるよう心がけます。

③課題解決的な個別指導

　深刻な問題や悩みを抱え、そのストレスに適切に対処できないような「特別に支援を必要とする児童生徒」には、学校は課題解決に焦点をあてた個別指導や支援をします。学級担任1人が個別指導で解決まで導くのは大変困難な場合

があります。児童生徒や保護者からこのような相談を受けた時は、a）自分だけで判断しない。管理職の教員に相談し、養護教諭やスクールカウンセラーなどの専門家の意見をふまえる、b）面接も、担任1人ではなく学年主任や養護教諭などに同席してもらう、なども有効な手段です。

　児童生徒がもつ課題の背景として、a）児童生徒の個人の性格や社会性などの個人的問題、b）児童虐待、家庭内暴力、家庭内不和、経済的困難などの家庭の問題、c）ADHD、高機能自閉症等の発達障害、d）友人との人間関係などが多く見られます。

　このような課題に対応する場合、学校としての「チーム支援体制」をつくります。場合によっては、精神科医との連携が必要な場合もあります。児童生徒が「社会で自立するために必要な力」をつけるために、学校は誠意をもって対応することが大切です。

（3）指導における配慮

　普段から児童生徒と教員のあいだに信頼関係をつくり、好ましい人間関係を構築していきましょう。教員は言葉だけでなく態度もとても重要です。コミュニケーションで相手が受け取る情報は、言語的内容は30%、非言語的内容が70%といわれます。たとえば廊下で児童生徒に声をかけられたときには、a）足を止める、b）身体を児童生徒に向ける、c）目を合わせる、d）声をかける、e）笑顔を見せる、f）話を聴く、などの態度を示すことがとても重要です。

第4節　ま　と　め

　集団指導も個別指導も生徒指導の「指導」です。そのなかで指導方法が「集団」を活用した場合と「個別」を活用した場合に分けられるということです。集団に重きを置くこともあれば、「個別」中心に進めることもあります。生徒指導提要では、「指導」を基本としています。しかし、個別的な課題の場合は、支援や援助的な方法を必要とすることがあります。そのような時は、教育相談、

カウンセリングの技法を活用すると効果的です。

　生徒指導提要は、課題解決的な個別指導も「指導」としています。しかし、指導と支援、援助などの言葉にはあまりこだわらず、それらをそれぞれうまく織り交ぜ活用しながら、最終的には、児童生徒や保護者にとって良い状況になればいいと思います。

（明里　康弘）

〈引用・参考文献〉

文部科学省　2010　生徒指導提要　教育図書

文部科学省　2015　学習指導要領　東洋館出版社

文部科学省　教育基本法　https://www.mext.go.jp/b_menu/kihon/about/mext_00003.html

臨時教育審議会（昭62）　https://www.mext.go.jp/b_menu/shingi/chukyo/chukyo3/siryo/06083007/004/007.htm

〈議論のポイント〉

　なぜ生徒指導では、集団指導と個別指導の方法をとっているのか、それぞれの良さと方法を復習してみましょう。

〈読者のための読書案内〉

＊文部科学省『生徒指導提要』教育図書、2010年：とりこぼしなく全体にわたって手堅くまとめてある本です。この本を基本にしながら、興味のある分野やわかりにくかった分野はほかの本を読むと理解が深まると思います。

＊高階玲治（編）『生きる力を育てる生徒指導・進路指導』教育開発研究所、2010年：「生きる力」とはどう育てるのか？専門的に詳しく書かれています。生徒指導を向上させるのにお勧めの本です。

＊國分康孝・久子（監）、明里康弘　『どんな学級にも使えるエンカウンター20選』　図書文化社、 2007年：生徒指導を進める上で、『構成的グループエンカウンター』の活用もひとつの方法です。集団で楽しく活動しながら個の成長も期待できます。中学校版となっていますが小学校にも使え、すぐに使えるエクササイズが掲載されています。

いじめ問題、暴力行為と生徒指導

いじめや暴力行為は、それを受けた児童生徒の心身の健全な成長および人格形成に重大な影響を与えるのみならず、その生命または身体に重大な危険を生じさせるおそれがあります。それらの問題は、学校における最重要課題のひとつであり、1人の教職員が抱え込むのではなく、学校が一丸となって組織的に対応する必要があります。また、事案によっては他機関との連携が求められます。しかしながら、深刻な事案は増加しています。そのような現状にあるいじめや暴力行為の問題に対して、学校や学校の教職員にはどのような取り組みが求められているのでしょうか。

本章では、文部科学省の資料から現状と課題を取り上げます。また、関連する法律や通知などに基づき、学校や学校の教職員に求められる対応のあり方について考えます。

第1節 いじめの定義

(1) 児童生徒間の事例

次の2つは、授業中と遊びにおける児童生徒間の事例です（文部科学省, 2016b）。いじめに該当するでしょうか。

---

① 授業中に先生に指されたが答えられないAさんにBさんが、「こんな問題もわからないの」と言った。Aさんは、ショックを受けて下を向いてしまった。

② CさんはDさんから、滑り台の順番を抜かされて悲しい顔をしていることがたびたびあった。

結論として、AさんとCさんへの行為は、いじめに該当すると示されています。「その程度のことで？」「ささいなことだし、よくあることでは？」と疑問

を抱くかもしれません。しかし、ある基準に則るといじめに該当します。その基準は、2013年6月に制定された「いじめ防止対策推進法」です。

　いじめ防止対策推進法は、児童生徒間のいじめを対象とするいじめに特化した法律です。したがって、学校においていじめ問題に取り組む場合には、まずは、いじめ防止対策推進法に則ることを意識する必要があります。

(2)いじめ防止対策推進法のいじめの定義

　いじめの定義は、いじめ防止対策推進法の第2条に、次のように規定されています。条文中の「児童等」とは、学校に在籍する児童または生徒をいいます。

> 　この法律において「いじめ」とは、児童等に対して、当該児童等が在籍する学校に在籍している等当該児童等と一定の人的関係にある他の児童等が行う心理的又は物理的な影響を与える行為（インターネットを通じて行われるものを含む。）であって、当該行為の対象となった児童等が心身の苦痛を感じているものをいう。

　法律の条文は、一読ではわかりにくいところがあります。条文には、4つの要素に該当する場合に、いじめになるとされています。

(3)いじめの定義の4つの要素

　いじめの定義には、次の①〜④の4つの要素が示されています。

①行為をした者も行為の対象となった者も児童生徒であること

　いじめ防止対策推進法では児童生徒間でのいじめを対象にします。たとえば、大学生同士やおとなから児童生徒へのいじめについては、いじめ防止対策推進法の対象外です。その場合に法を適用するとすれば、別法律（内容に応じた刑法等）になります。

②当該児童生徒のあいだに一定の人的関係が存在すること

　「一定の人的関係」とは、学校の内外を問わず、同じ学校・学級や部活動の児童生徒、塾、スポーツクラブなどの当該児童生徒が関わっている仲間や集団など、当該児童生徒とのなんらかの人的関係を指していて、その対象者を広く示

しています。「自分よりも弱い者に対して」といった力関係の条件はありません。

③心理的または物理的な影響を与える行為をしたこと

　「影響を与える行為」と行為の範囲を広く示しています。「継続的」「攻撃的」「陰湿な」「集団で」といった行為の条件はありません。「**いじめの防止等のための基本的な方針**」（以下、国の基本方針）には、表6-1の通り、**いじめの態様例**として8つを示しています。**国の基本方針**は、文部科学大臣がいじめ防止対策推進法の内容を総合的かつ効果的に推進するために策定したものです。

表6-1　いじめの態様の例

・　冷やかしやからかい、悪口や脅し文句、嫌なことを言われる。
・　軽くぶつかられたり、遊ぶふりをして叩かれたり、蹴られたりする。
・　仲間はずれ、集団による無視をされる。
・　嫌なことや恥ずかしいこと、危険なことをされたり、させられたりする。
・　ひどくぶつかられたり、叩かれたり、蹴られたりする。
・　金品を隠されたり、盗まれたり、壊されたり、捨てられたりする。
・　パソコンや携帯電話等で、ひぼう中傷や嫌なことをされる。
・　金品をたかられる。

④当該行為の対象となった児童生徒が心身の苦痛を感じていること

　いじめと判断される基準は、被害児童生徒の実感に基づいて決められています。いじめをした児童生徒の主観的事情は含まれていません。「わざとではなく、よかれと思って」の行為によって、心身の苦痛を与えてしまう場合も想定されますが、客観性（様子、状況 など）を加味しつつも、いじめられた児童生徒の主観的な立場に立って判断することが前提になります。

 第2節　いじめの認知件数と課題

(1)いじめ調査における定義の変遷

　文部科学省は、1985年から児童生徒の問題行動等の調査において、**いじめ件数**の調査を実施し、調査におけるいじめの定義を定め、それに基づき件数をまとめています。その定義の変遷は、表6-2の通りです。

表 6-2　**いじめ調査の定義**（児童生徒の問題行動等生徒指導上の諸問題に関する調査，文部科学省（2009）（2019）をもとに作成）

期間		1985 年度から 1993 年度	1994 年度から 2005 年度	2006 年度から 2012 年度	2013 年度以降
対象校種		公立小・中・高等学校	公立小・中・高等学校、公立特殊教育諸学校	国・公・私立小中・高等学校、国・公・私立特別支援学校	国・公・私立小・中・高等学校、国・公・私立特別支援学校（高等学校に通信制度課程を含める）
定義	対象者	「いじめ」とは、①自分より弱い者に対して一方的に、	「いじめ」とは、①自分より弱い者に対して一方的に、	「いじめ」とは、①当該児童生徒が、一定の人間関係のある者から、	「いじめ」とは、①児童生徒に対して、当該児童生徒が在籍する学校に在籍している等当該児童生徒と一定の人的関係のある他の児童生徒が行う
	行為内容	②身体的・心理的な攻撃を継続的に加え、	②身体的・心理的な攻撃を継続的に加え、	②心理的、物理的な攻撃を受けたことにより、	②心理的又は物理的な影響を与える行為（インターネットを通じて行われるものも含む。）であって、
	被害状況	③相手が深刻な苦痛を感じているもの	③相手が深刻な苦痛を感じているもの	③精神的な苦痛を感じているもの	③当該行為の対象となった児童生徒が心身の苦痛を感じているもの
	補足	学校としてその事実（関係児童生徒、いじめの内容等）を確認しているもの。起こった場所は学校の内外を問わない。	起こった場所は学校の内外を問わない。個々の行為がいじめに当たるか否かの判断を表面的・形式的に行うことなく、いじめられた児童生徒の立場に立って行うこと。	起こった場所は学校の内外を問わない。個々の行為が「いじめ」に当たるか否かの判断は、表面的・形式的に行うことなく、いじめられた児童生徒の立場に立って行うものとする。	起こった場所は学校の内外を問わない。

　2013 年度以降は、いじめ防止対策推進法が制定・施行されたことを受けて、いじめ防止対策推進法に規定されたいじめの定義に基づき調査を行っています。その現行の定義と比べると、調査開始の 1985 年度から 2005 年度のいじめの定義には、「自分より弱いものに対して一方的に」「攻撃を継続的に加え」「相手が深刻な苦痛を感じているもの」などの条件がみられます。

（2）いじめの認知件数の推移

　文部科学省（2019）の「平成30年度児童生徒の問題行動・不登校等生徒指導上の諸課題に関する調査結果について」（以下、2018年度調査結果）をみると、調査開始の1985（昭和60）年度から2018（平成30）年度のいじめ件数の推移は、図6-1の通りです（2018年度調査結果より転記）。また、表6-3は2006年度から2018年度の件数です。

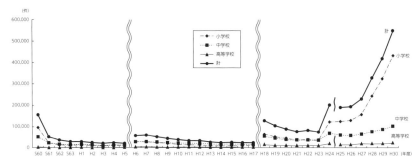

図6-1　いじめ件数の推移

表6-3　2006年度以降のいじめ件数

	2006 平成18	2007 平成19	2008 平成20	2009 平成21	2010 平成22	2011 平成23	2012 平成24	2013 平成25	2014 平成26	2015 平成27	2016 平成28	2017 平成29	2018 平成30
小学校	60,897	48,896	40,807	34,766	36,909	33,124	117,384	118,748	122,734	151,692	237,256	317,121	425,844
中学校	51,310	43,505	36,795	32,111	33,323	30,749	63,634	55,248	52,971	59,502	71,309	80,424	97,704
高等学校	12,307	8,355	6,737	5,642	7,018	6,020	16,274	11,039	11,404	12,664	12,874	14,789	17,709
特別支援学校	384	341	309	259	380	338	817	768	963	1,274	1,704	2,044	2,676
合計	124,898	101,097	84,648	72,778	77,630	70,231	198,109	185,803	188,072	225,132	323,143	414,378	543,933

　2015年度以降は、すべての校種で増加し、とりわけ小学校で顕著になっています。また、2012年度は前年度に比べて著しい増加がみられます。そのことに影響を与えた事案があります。2011年10月、滋賀県大津市のマンションで、同市立中学2年生が飛び降り自殺をしました。当初の学校と当該教育委員会の調査では報告がなかった「自殺の練習をさせられていた」、「金銭を強要されていた」、「一方的に殴られていた」などが、その後の調査でわかり、学校と当該教育委員会の対応が問題視されました。この事案が、2012年度の件数の

増加に影響を与えるとともに、大きく取り上げられたことが契機となり、いじめ防止対策推進法が制定されました。

(3)いじめの認知の課題

文部科学省(2016)は、「いじめの正確な認知に向けた教職員間での共通理解の形成及び新年度に向けた取組について(通知)」のなかで 2014 年度調査における児童生徒 1,000 人 あたりの**いじめの認知**件数について、都道府県間の差が 30 倍を超えるなど、実態を反映したものとはいい難い状況であると指摘しています。

また、総務省行政評価局 (2018) の調査では、調査対象校の 24％が法律のいじめの定義よりも狭く解釈し、「継続性」「集団性」「一方的」「陰湿」など、いじめ防止対策推進法にない独自の基準を加えていたとし、「いじめの正確な認知に向けた取組を更に促すこと」「法のいじめの定義を限定解釈しないことについて周知徹底すること」などの改善を文部科学省に求めています。

第3節 ： いじめ問題への対応のあり方

これまで述べてきたように、学校現場では、現状、いじめ防止対策推進法の定義に基づくいじめの認知の状況に大きな課題があることが指摘されています。その課題への対応として、先ほどの文部科学省 (2016) の通知では、端的に 2 点を示しています。学校におけるいじめ問題への今日的な対応として、強く意識し実行すべき内容となります。

(1)いじめを積極的に認知する考え方

1 点目は、「いじめの認知件数が多いことは教職員の目が行き届いていることのあかし」としています。いじめ防止対策推進法の第 3 条 (基本理念) の第 1 項には、「いじめが全ての児童生徒に関係する問題である」と規定し、国の基本方針でも、いじめは、どの子供にも、どの学校でも、起こりうるものであると示しています。その考え方に立ち、いじめの積極的な認知が求められています。

(2)いじめの報告と対応のあり方

2点目は、「いじめではないかと疑われる事案に接した時は、1人で抱え込まず、学校に設置されている**学校いじめ対策組織**に必ず**報告**し、組織で認知し**対応すること**」を示しています。学校いじめ対策組織は、いじめ防止対策推進法の第22条で学校への常設が義務づけられ、いじめの防止・早期発見・対処 などの中核を担う組織です。この組織には、いじめの情報がすべて集まり、対応について判断することが求められています。また、国の基本方針には、「学校の特定の教職員が、いじめに係る情報を抱え込み、学校いじめ対策組織に報告を行わないことは、いじめ防止対策推進法の規定に違反し得る」と明示されています。

第4節 ⋮ 暴力行為の発生状況

(1)暴力行為と校内暴力の調査内容

文部科学省は、1982年度から生徒の「**校内暴力**」の状況についての調査を開始し、1997年度以降は、児童生徒の「**暴力行為**」に変更し調査を実施しています。校内暴力と暴力行為の**調査内容**の変遷は、表6-4の通りです。

表6-4 暴力行為（校内暴力を含む）の調査内容

対象期間	1982～1996	1997～2005	2006～2012	2013年度以降
対象校種	公立中・高等学校	公立小・中・高等学校	国公私立小・中・高等学校	国公私立小・中・高等学校（高等学校に通信制課程を含める）
調査の定義	「校内暴力」 校内暴力とは、学校生活に起因して起こった暴力行為をいい、対教師暴力、生徒間暴力、学校の施設・設備等の器物損壊の三形態がある。	「暴力行為」 暴力行為とは、自校の児童生徒が、故意に有形力（目に見える物理的な力）を加える行為をいい、被暴力の対象によって、「対教師暴力」（教師に限らず、用務員等の学校職員も含む）、「生徒間暴力」（何らかの人間関係がある児童生徒同士に限る）、「対人暴力」（対教師暴力、生徒間暴力の対象者を除く）、学校の施設・設備等の「器物損壊」の四形態に分ける。ただし、家族・同居人に対する暴力行為は、調査対象とする。		

(2)暴力行為の発生件数

暴力行為の調査を開始した1997年度以降で2018年度までの暴力行為の**発生**

件数は図 6-2 の通りです（2018 年度調査結果より転記）。2018（平成 30）年度の小中高等学校における暴力行為の発生件数は 72,940 件で、前年度から 9,615 件（約 15%）増加し、児童生徒 1,000 人 あたりの発生件数は 5.5 件（前年度 4.8 件）です。

　校種別では、小学校 36,536 件（前年度 28,315 件）、中学校 29,320 件（同 28,702 件）、高等学校 7,084 件（同 6,308 件）です。過去 5 年の傾向として小学校をみると、2013 年度の 10,896 件から 2018 年度の 36,536 件と大幅に増加していて、憂慮すべき状況にあります。

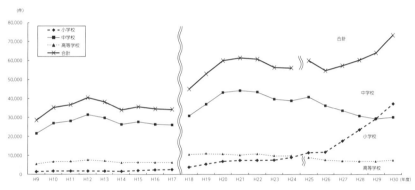

図 6-2　暴力行為の発生件数の推移

第5節　暴力行為への対応のあり方

（1）基本的な考え方

　暴力行為は社会において許されない行為です。学校においても絶対に許されない行為であると明確に否定するとともに、**人権侵害**との認識も全教職員が共有した上で、組織的な対応を進めることが不可欠です。また、指導にあたっては、前提として、問題を起こした児童生徒との信頼関係に配慮した対話を心がけるとともに、暴力が発生した背景と思われる一人ひとりの資質・性格や生活環境などを把握し、**児童生徒理解**を深めた上で行う必要があります。

(2)未然防止、早期発見、早期対応のあり方

　文部科学省は 2010 年 6 月、教育現場における暴力行為への効果的な対応のあり方について検討するために、「暴力行為のない学校づくり研究会」を設置し、2011 年 7 月に報告書をまとめました。そこで示す内容から、**未然防止・早期発見・早期対応**のあり方について要約すると、次の①②③の通りです。

　①未然防止のポイント

　1 つ目として、「指導体制の整備」が重要です。教職員の役割分担の明確化と共有化を図り、組織的かつ迅速に対応できる体制づくりが求められます。2 つ目として、「学級、学年、学校全体における取組」が重要です。あいさつ運動や児童会・生徒会活動の活性化などの日常生活における継続的な取り組み、また、正義感、公正さ、命の大切さ、人権の尊重、倫理観の育成をテーマに取り入れた道徳教育の充実などにより、校内の落ち着いた状況に結びついたという報告があります。

　②早期発見のポイント

　1 つ目として、「児童生徒の発するサインへの気づき」が重要です。児童生徒の心のサインと行動のサインを見過ごすことなく、本人の状態をよく観察し、慎重に判断して適切な対応を図る必要があります。

　2 つ目として、「早期発見の方法」が重要です。観察、質問紙形式アンケート、個別面談等の多様な方法による児童生徒理解の取り組みが求められます。

　③早期対応のポイント

　1 つ目として、「多角的資料の収集」が重要です。上記②のさまざまな方法により当該児童生徒の多角的資料の収集に努め、個別資料に基づいて背景要因を検討し、具体的対応を導き出していくことが求められます。

　2 つ目として、「教育相談の手法の活用」が重要です。落ち着いた雰囲気や場所を提供し、丁寧に話を聞きながら精神的混乱を鎮めストレスの軽減を図るなどの教育相談の手法により進めることが重要となります。

（吉田　浩之）

〈引用・参考文献〉
国立教育政策研究所・生徒指導研究センター　2009　生徒指導資料第1集（改訂版）──生徒指導上の諸問題の推移とこれからの生徒指導──中学校・高等学校編　ぎょうせい
文部科学省　2010　生徒指導提要　教育図書
文部科学省　2011　暴力行為のない学校づくりについて（報告書）　暴力行為のない学校づくり研究会　https://www.mext.go.jp/b_menu/shingi/chousa/shotou/079/houkou/1310369.htm　＜2020年5月29日閲覧＞
文部科学省　2016 a　いじめの正確な認知に向けた教職員間での共通理解の形成及び新年度に向けた取組について（通知）　https://www.mext.go.jp/a_menu/shotou/seitoshidou/1400170.htm　＜2020年5月29日閲覧＞
文部科学省　2016 b　いじめの認知について（資料1）　https://www.mext.go.jp/b_menu/shingi/chousa/shotou/124/shiryo/__icsFiles/afieldfile/2016/10/26/1378716_001.pdf
文部科学省　2017　いじめの防止等のための基本的な方針（最終改定平成29年3月14日）文部科学大臣決定　https://www.mext.go.jp/a_menu/shotou/seitoshidou/__icsFiles/afieldfile/2018/01/04/1400142_001.pdf
文部科学省　2019　平成30年度児童生徒の問題行動・不登校等生徒指導上の諸課題に関する調査結果について　https://www.mext.go.jp/content/1410392.pdf
総務省行政評価局　2018　いじめ防止対策の推進に関する調査結果に基づく勧告　https://www.soumu.go.jp/main_content/000538674.pdf

〈議論のポイント〉
　いじめを行った児童生徒の保護者から、「私の子供は、いじめを行っていません。ささいな行為ではないですか。」と言われた場合に、学級担任として、その保護者にどのような説明をしますか。

〈読者のための読書案内〉
＊坂田仰『いじめ防止対策推進法 全条文と解説』学事出版、2018年：「いじめ防止対策推進法」の基本が本書1冊で理解できる解説書です。平易な解説と学校における具体的運用についての手引きが盛り込まれています。

＊森田洋司『いじめとは何か──教室の問題、社会の問題』中央公論新社、2010年：いじめの4層構造（被害者、加害者、傍観者、観衆）を指摘した「いじめ問題」の第一人者です。「いじめ問題」を研究したい方には必読の書です。

＊越直美『教室のいじめとたたかう──大津いじめ事件・女性市長の改革』ワニブックス、2014年：大津市長として、大津いじめ事件の第三者調査委員会を設置し、いじめ調査のモデルを示しました。いじめ調査の理解を深めることができます。

7

不登校と生徒指導

　小学校、中学校、高校時代をふり返った時に、学校を休みたいと思った経験はありませんか。友だちとの関係がうまくいかない時、勉強がわからなくなってしまった時、特定の行事の前などに、もう学校に行きたくないと思った人もいるのではないでしょうか。文部科学省（2019）によると、2018（平成30）年度に小中学校で不登校となった児童生徒数は約16万4千人で、中学校では27人に1人が不登校になっています。子供たちはどのようなことをきっかけに不登校になり、学校を休んでいるあいだどのような気持ちで過ごしているのでしょうか。教員はどのような支援ができるとよいでしょうか。ここでは、不登校の現状と支援について考えてみたいと思います。

第1節　不登校とは

（1）不登校の概念とその変遷

　不登校について、文部科学省は「何らかの心理的、情緒的、身体的あるいは社会的要因・背景により、登校しないあるいはしたくともできない状況にあるために年間30日以上欠席した者のうち、病気や経済的な理由による者を除いたもの」と定義しています。

　日本では、1960年前後から学校に行かない子供たちの存在が注目され始め、その名称は時代によって「**学校恐怖症**」「**登校拒否**」「**不登校**」と変遷してきました。名称の変遷には、学校に行かない子供たちに対する社会のとらえ方の変化が反映されています。不登校の背景要因について、当初は家族関係やパーソナリティの問題が注目されました。しかし、不登校の増加とともに、学校要因（体制、方針、規模、風土など）や社会要因（経済、技術・情報化、家族・地域の変化な

ど）が注目されるようになり、さらに近年では、発達障害、虐待、貧困問題などとの関連も指摘されています。そうしたなかで、不登校は個人、家族、学校、社会背景などさまざまな要因が複雑に絡みあって生じていること、多様な状態像があることが理解されるようになり、学校に登校しないという状態、行動だけを表す「不登校」という表現が使われるようになりました。

（2）不登校に対するこれまでの施策

　1983年に生徒指導資料として「生徒の健全育成をめぐる諸問題：登校拒否問題を中心に」が刊行されました。不登校への支援として、1990年には「**適応指導教室**」（2003年度より「教育支援センター」へと名称が変わってきているため、以降「教育支援センター（適応指導教室）」と表記）の整備が推進されました。1995年度には「**スクールカウンセラー活用調査研究委託事業**」（2001年度から「スクールカウンセラー活用事業補助」）が始まり、2008年度からは公立学校全体への配置が目指され、配置校数を増やしてきました。また、2008年度には「スクールソーシャルワーカー活用事業」も始まり、福祉の専門家であるスクールソーシャルワーカーの配置を行っている自治体もあります。

　教育支援センター（適応指導教室）は、不登校の子供たちが通うことのできる居場所であり、勉強をしたり、少人数での集団活動を体験したりすることができます。公的な機関であり、都道府県、区市町村に設けられています。スクールカウンセラーは心理の専門家として不登校に対応しています。地域の財政状況や人材不足などの問題もあり十分に配置できていない状況もありますが、「チームとしての学校の在り方と今後の改善方策について（答申）」（文部科学省, 2015）では、スクールカウンセラーやスクールソーシャルワーカーを法令上正規の職員として規定することや、配置の拡充、資質の確保を検討していくことが今後に向けて目指されています。

　不登校へのはたらきかけについては、1992年の「登校拒否（不登校）問題について（報告）」において、不登校を「どの子供にも起こりうる」という観点に立ってとらえていく必要があることが述べられ、指導要録上の出席扱い（一定

の要件を満たす場合に学校外の支援機関において指導等を受けた日数を指導要録上の出席扱いとすることができる）なども含め、不登校への対応がまとめられました。その後、不登校への対応について、「待つこと」として過度な登校刺激を避けて見守るという対応が重視されすぎたことに対し、2003年の「今後の不登校への対応の在り方について（報告）」では、「将来の社会的自立に向けた支援の視点」、「働きかけることや関わりを持つことの重要性」が強調されました。

　2016年には、「**義務教育の段階における普通教育に相当する教育の機会の確保等に関する法律（教育機会確保法）**」が公布され、2017年に施行されました。①不登校特例校及び教育支援センターの整備、②学校以外の場での学習活動の重要性、③夜間等に授業を行う学校における就学機会の提供等を進めること、それに対して国や自治体が財政支援や必要な措置を講ずるように努めることとされ、不登校の子供の実情をふまえた支援や教育機会の確保がさらに進められています。

（3）不登校の現状

　文部科学省（2019）によると、2018年度の不登校児童生徒数は、小学校44,841人（出現率0.70%）、中学校119,687人（出現率3.65%）でした。不登校児童生徒数は、2001年度に約13万9千人とそれまででもっとも多くなった後、やや減少傾向が見られていましたが、2013年度からは増加が続いています。また、高校における不登校生徒数は52,723人（出現率1.63%）となっています。

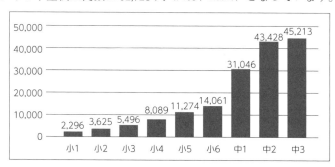

図7-1　学年別の不登校児童生徒数（文部科学省（2019））

学年別の状況は図7-1の通りです。小学6年生から中学1年生にかけての増加の背景には、中学校進学により、学習が難しくなる、科目ごとに先生が変わる、部活動や先輩との関係が生じるといった変化があり、そうしたことへのとまどいやトラブルが不登校のきっかけとなっている可能性が指摘されています。

　不登校の子供のうち、指導の結果、再び登校するようになったのは、2018年度は小学校26.8%、中学校26.4%、継続した登校には至らないものの好ましい変化がみられるようになったのは小学校22.4%、中学校22.0%でした（文部科学省，2019）。周囲のはたらきかけによって状況に変化がみられた子供も約半数おり、学校、家庭、関係機関が協力しながら子供たちを支援することが大切です。

 ## 第2節　不登校の子供たちの心理

（1）不登校のきっかけ

　不登校の具体的なきっかけについて、2つの調査からみてみます。文部科学省（2019）の調査（教員が回答）の結果は、表7-1の通りです。「学校に係る状況」では「いじめを除く友人関係をめぐる問題」が約2〜3割、「学業の不振」が約1〜2割と多くなっています。また、「家庭に係る状況」も約3〜6割と多いです。一方、不登校生徒に関する追跡調査研究会（2014）の「平成18年度

表7-1　不登校の要因（文部科学省（2019）の表をもとに筆者作成）

※主たる要因1つを選択

	学校に係る状況								家庭に係る状況	左記に該当なし
	いじめ	いじめを除く友人関係をめぐる問題	教職員との関係をめぐる問題	学業の不振	進路に係る不安	クラブ活動・部活動等への不適応	学校の決まり等をめぐる問題	入学・転編入学・進級時の不適応		
小学校	359 (0.8)	9,740 (21.7)	2,009 (4.5)	6,795 (15.2)	495 (1.1)	102 (0.2)	1,145 (2.6)	2,026 (4.5)	24,901 (55.5)	6,165 (13.7)
中学校	678 (0.6)	35,995 (30.1)	3,028 (2.5)	28,687 (24.0)	6,395 (5.3)	3,173 (2.7)	4,043 (3.4)	9,207 (7.7)	37,040 (30.9)	16,041 (13.4)

不登校追跡調査」（不登校経験者が回答）では、「友人との関係」が52.9％ともっとも多く、次いで「生活リズムの乱れ」34.7％、「勉強がわからない」31.2％、「先生との関係」26.6％となっています。2つの調査からは、不登校のきっかけとして、友人関係、学業の問題が多く、そのほか、先生との関係、生活リズム、家庭状況などがあることがうかがえます。

（2）学校を休んでいる時の子供たちの気持ち

　小中学校で不登校を体験した通信制高校生に不登校になった時の様子を尋ねたところ、休み始める頃に「体調が悪くなった」ことが多くの生徒からあげられました。さらに「すべてに疲れた」、「もう人生だめだと思った」と感じていた生徒もいて、頭痛や腹痛といった身体症状とともに気分的な落ち込み（不安感や憂うつ感、倦怠感）を経験していたことがわかります。また、学校を休んでいることに罪悪感を抱き、苦しんでいた生徒もいました。不登校の時に困ったことについては、「勉強」があげられていました。不登校になると、学習や受験についての情報や支援が届きにくくなり、学校復帰や高校進学を目指す際にも学習について心配している子供たちも少なくありません。

　また、不登校時の学校や家族とのかかわりについて、「平成5年度不登校追跡調査」（森田，2003）における不登校経験者へのインタビューでは以下のような思いが語られています（一部抜粋）。

・自分のことをわかってくれる人がいない、という状況のなかで家庭にも学校にも安心していられるところがなく、本当に苦しかった。話を聞いてもらえる人がいたらよかった。

・先生は1ヵ月に1回、家庭訪問して親に近況を聞いていく。自分は人に会いたくなくて会わなかった。学校とのつながりがまったくなくなるのはいやだった。勉強にしても就職にしても情報を提供してくれる場がほしい。

・1、2年の担任とはかかわりはなかった。忘れられた気持ちになった。3年の先生は、週に2～3回家に来てくれて、世間話のような何気ない話をしてくれた。先生に慣れてきたので、保健室登校ができるようになった。

- ・「来なさい」といわれるのは行けない人にはプレッシャーになるが、放っておかれるのも困る。
- ・家族に心配かけていると思うと、悪いと思った。
- ・家族のありがたさ、大切さを知った。

　子供が学校を欠席した時、電話や家庭訪問などで早期に働きかけ、欠席したことによる不安や心配をやわらげ、欠席が継続しないように対応していくことはとても大切です。ただ、欠席が続いていくなかで、教員からの電話や家庭訪問などのはたらきかけに対応できない場合も出てきます。そうした時は、保護者とのやりとりを中心にする、プリントや手紙を渡すといった少し距離のある方法で働きかける工夫が必要かもしれません。教員の電話や家庭訪問には対応できないけれど、かかわりがないことについては「いやだった」、「忘れられた気持ちになった」、「困る」とインタビューでも語られています。子供が居場所がないと感じることがないように支援していくことが重要です。また、「世間話のような何気ない話」を通して、子供と丁寧に関わりながら信頼関係を築いていくことが、その後の子供の変化につながっていきます。

　また、家族に対しても、罪悪感を感じていたり、気持ちをわかってもらえず苦しい思いをしていたり、あたたかいはたらきかけに家族のありがたさを知ったりとさまざまな感情を経験しています。

第3節 ： 不登校への対応

（1）子供たちへの支援

　学校や教員からのかかわりに対応できない時期もありますが、まったくかかわりがないこともつらく感じていることが、不登校経験者の語りからはわかります。子供の状態に合わせて、**働きかけること**、**待つこと**の両方の姿勢で関わり続けていくことが重要です。また、もとの学校に戻ることが難しい場合、進学や就職のタイミングが変化のきっかけになることも多いです。高校や就職に

ついての情報提供や進路相談を行い、支援していくことも大切になります。近年、昼間定時制高校や毎日通うタイプの通信制高校など多様な形態の高校が増えています。前向きに自分に合った進路選択をできるように**学習支援**や**進路支援**を行っていくことが必要です。また、高校において不登校になった場合は、単位修得の問題が出てくるため、本人・保護者と欠課の状況を確認し、どのように取り組んでいくかを一緒に考えたり、場合によっては他校への転編入学や就職のための支援を行ったりする必要も出てきます。

　ある不登校経験者は、担任の先生の対応について「わかってもらえないところもあったけど、誠実に対応してくれたと思う。甘やかさないけど優しかった」と答えています。誠実に対応し、あきらめずに子供と関わり続けていくことがもっとも大切だといえます。

（2）保護者への支援・保護者との連携

　子供が不登校になった時、保護者の心理的負担も大きくなります。保護者の相談にのり、必要に応じて学校外の機関や進路に関する情報提供を行って保護者を支え、保護者が安定して子供に関わることができるように支援していくことも大切です。保護者を通して子供の状態や反応を把握しながら、はたらきかけのタイミングや方法を見極めることができると、効果的なはたらきかけを行いやすくなります。

（3）校内の連携体制づくり

　クラスに入ることが難しい生徒への支援として、**保健室登校**や**別室登校**が行われることがあります。保健室登校では、養護教諭が対応することが多くなりがちですが、ほかの教員からのはたらきかけ（会話、学習支援など）も重要です。また、**部分登校**は、子供のペースを大事にしながら進めていきます。**スクールカウンセラー**は、保護者や子供と面談を行い、心理面から支援をしていきます。担任が中心になりながら、学校全体で情報を共有して共通理解を図り、さまざまな立場の人から支援が行われることが求められます。

（4）学校外の機関との連携

　生徒によっては、学校外の機関を活用することも有効です。不登校の子供たちが毎日通える機関として、**教育支援センター**（適応指導教室）や**フリースクール**があります。機関によって方針や活動内容はさまざまですが、そこには同じ境遇の子供たちがいて、安心感や刺激を得られることもあります。親の会などを通して保護者同士が支えあうこともできます。また、各自治体には教育センターなどが設置され、教育相談や心理相談も行われています。文部科学省（2019）によると、2018年度に学校外の機関等で相談・指導等を受けた不登校児童生徒は34.1％となっています。一方で、学校外の機関等による相談・指導も、養護教諭やスクールカウンセラー、相談員等による専門的な指導・相談も受けていない割合は27.5％でした。子供たちがなんらかの支援を受けられるように学校外の機関との連携を進めていくことも必要です。

（5）不登校予防のための取り組み

　早期に子供の変化に気づき、働きかけていくことが求められます。欠席・遅刻・早退の増加、体調不良、保健室来室の増加、表情や友だちとのかかわりの変化、成績や学習意欲の低下など、行動、情緒、学習、人間関係面にこれまでとは違う変化が見られたら注意が必要です。

　また、行くのが楽しくなるような学級や学校をつくることも大切です。日頃からわかりやすい授業を行うことや子供たちの**ソーシャルスキル**を高める取り組みを行うこと、友人関係や学業の問題が生じた時にすぐに相談できる体制づくりやきめ細かな個別支援を行っていくことが必要になります。

🌱 第4節　不登校のその後

（1）不登校と進路問題

　不登校生徒に関する追跡調査研究会（2014）によると、不登校生徒の中学卒業時の進路状況は「高校等へ進学」80.9％、「就職」6.0％、「働きながら高校等

へ進学」4.2％、「進学も就職もしなかった」8.4％であり、中学生の進学率が98％であることと比べると、進学率が低くなっています。また、不登校経験の後、進学や就職をして安定的に過ごしている不登校経験者も少なくありませんが、なかにはその後の適応においてリスクを抱えている場合もあります。進路支援を充実させ、次の進路へと確実につなげていくことが必要です。

（2）不登校経験者のその後の状況

「平成18年度不登校追跡調査」（不登校生徒に関する追跡調査研究会，2014）によると、かつて不登校であったことがマイナスに影響していると感じるかについては、「感じている」23.5％、「感じていない」40.3％、「どちらともいえない」34.4％であり、不登校経験をマイナスに影響しているとばかり感じているわけではないことがわかります。森田（2003）のインタビューでも、「行かなくてよかったとは思っているが、行ったほうがいいという感覚もある。行かなくて自分がよくなった部分もある」「行かなかったときはそれなりに大変だったから、仕方なかったと思う。一人でいる長い時間をもてたので、考えることができるようになった」と語られているものもあり、プラスの意味を見出している様子がみられます。一方で、マイナスだったこととして、勉強のこと、思い出がないこと、同年代の人との交流がないことが語られています。

筆者が行った通信制高校卒業生への調査でも、不登校経験者の方が不登校経験のない者に比べて現在の自己理解得点が高く、不登校時に悩み考えた経験が自己理解につながっていることが推測できます。学習面や進路面、心理面への支援をしっかり行い、将来、不登校経験を意味あることとしてとらえられるように不登校のその後を充実させていくことが大切だと考えられます。

（金子　恵美子）

〈引用・参考文献〉

中央教育審議会　2015　チームとしての学校の在り方と今後の改善方策について（答申）

文部科学省　不登校に関する調査研究協力者会議　2003　今後の不登校への対応の在り方に

ついて（報告）

文部科学省　不登校生徒に関する追跡調査研究会　2014　不登校に関する実態調査―平成18年度不登校生徒に関する追跡調査報告書―

文部科学省　不登校に関する調査研究協力者会議　2016　不登校児童生徒への支援に関する最終報告――一人一人の多様な課題に対応した切れ目のない組織的な支援の推進――

文部科学省　2019　平成30年度児童生徒の問題行動・不登校等生徒指導上の諸課題に関する調査結果について

文部省　1983　生徒の健全育成をめぐる諸問題：登校拒否問題を中心に　中学校・高等学校編（生徒指導資料第18集）

文部省　学校不適応対策調査研究協力者会議　1992　登校拒否（不登校）問題について（報告）

森田洋司　2003　不登校−その後――不登校経験者が語る心理と行動の軌跡――　教育開発研究所

〈議論のポイント〉

　担任として、不登校の子供たちに具体的にどのような支援ができるとよいかについて考えてみましょう。また、子供たちが楽しく学校に通えるために、どのような学級づくり・学校づくりをしていくかについても考えてみましょう。

〈読者のための読書案内〉

＊伊藤美奈子『不登校――その心もようと支援の実際』金子書房、2009年：子供や保護者への支援、教員の役割、スクールカウンセラーや養護教諭による対応、専門機関との連携など、事例と調査データをもとに幅広い視点から不登校支援の実際について学ぶことができます。

＊増田健太郎（編著）『学校の先生・SCにも知ってほしい　不登校の子どもに何が必要か』慶應義塾大学出版会、2016年：不登校をどのように理解し支援していくかについて、教育学、臨床心理学、精神医学の立場から書かれており、近年、不登校の背景として指摘されることの多い発達障害や起立性調節障害についても取り上げられています。

＊森田洋司（編著）『不登校−その後――不登校経験者が語る心理と行動の軌跡』教育開発研究所、2003年：平成5年度に中学3年生だった不登校生徒を対象に、その5年後に行った調査の結果をもとに不登校について論じています。当事者の思い、その後の状況が明らかにされており、不登校について考える上でとても参考になります。

8

生徒指導の今日的課題──インターネットと生徒指導

　現在、児童生徒のあいだには、高度で小型化された情報端末であるスマートフォンが急速に普及しています。これからの Society 5.0 という未来社会のビジョンにおいて、情報端末を利活用できる能力形成は、ますます重要さを増してくることが予想されます。すでに、インターネットが家庭に普及し始めた頃から、その光と影については、さまざまに指摘され、学校現場において、模索しながら生徒指導が続けられてきました。今後、一層加速度的に高度化する情報環境を引き受けつつ、現在進行形で、常に、生徒指導のあり方をふり返り、見直し続け、実践していくことができるしなやかさとたくましさが教師に求められることになるでしょう。本章では、とくに、その変容の波がもっとも大きい今日的領域といえるインターネットと生徒指導について扱います。

第1節 ： 児童生徒へのインターネットの普及と情報端末の利用内容

　これからの未来社会のコンセプトとして Society 5.0 という構想が打ち出されています。内閣府のホームページによれば、「サイバー空間（仮想空間）とフィジカル空間（現実空間）を高度に融合させたシステムにより、経済発展と社会的課題の解決を両立する、人間中心の社会（Society）」と定義されています。これは、情報社会といった第四世代型社会のさらなる進化型、つまり、あらゆる人とモノがインターネットでつながること（IoT）、人工知能（AI）の一層の発展とそれによるビッグデータ処理に基づいた必要な情報の即時提供、社会の変革（イノベーション）などをキーワードとしています。すでに、老若男女を問わず、私たちの暮らしに、インターネットは深く根をおろしてきました。そして、今後の未来社会においてもその流れは変わらず、むしろ、一層加速度的に

進行していくことが予想されます。学校教育においても **GIGA スクール構想**の
もと、1 人 1 台端末環境と高速大容量のネットワーク通信整備が打ち出され、
遠隔授業を含めた ICT を活用した学習支援による学習の個別最適化の実現が
目指されています。

　かつてインターネットへのアクセスは、一般の人にとって、主にデスクトッ
プパソコンやノートパソコンといったデータ端末装置からが主流でした。しか
しながら、その後、電話機である携帯電話（フィーチャーフォン）からインター
ネットへのアクセスが限定的に可能となり、現在ではスマートフォンやタブ
レットなど、高度で小型化された**情報端末**が登場することにより、インター
ネットへのアクセス環境は飛躍的に向上してきたといえます。移動中をふくめ、
いつでも、通信サービスが届くかぎり、どこでも、情報端末があれば、人はさ
まざまな情報にアクセスし、世界中の人たちと 24 時間、インターネットを通
してつながり交流することができる社会を生きることになったといえます。こ
れは、ビジネスの世界のみならず、日常の生活世界の在りようも大きく変化さ
せ、さらには、子供の生きる世界をも変えることになったといえます。

　それでは、初等中等教育段階の学校（いわゆる、小学校、中学校、高等学校）の
児童生徒のインターネットの利用状況や、そのために用いられている主な接続
機器、インターネットの利用内容について見ていきましょう。内閣府では、
2009 年 4 月より施行された「青少年が安全に安心してインターネットを利用
できる環境の整備等に関する法律」（以下、「青少年インターネット環境整備法」）の
施策に資するように、2009 年度より毎年「青少年のインターネット利用環境
実態調査」を実施しており、その調査結果については、内閣府のホームページ
に掲載されています。

　その令和元年度調査によれば、学校の児童生徒の「インターネットの利用状
況（性・学校種別）」は、小学生の 8 割以上、中学生や高校生の 9 割以上がイン
ターネットを利用しているとされ、児童生徒の日常にインターネットがしっか
り根をおろしていることがうかがえます。また、インターネットを利用する上
での接続機器については、スマートフォンの割合が高く、67.9％となっていま

す。学校種別で見ても、スマートフォンは、小学生 43.5％、中学生 69.0％、高校生 92.8％となっており、インターネット接続機器としてもっとも使用されています。今では、携帯ゲーム機や据置型ゲーム機、テレビなど、インターネットに接続が可能となった電子機器や電化製品も登場し、広まりを見せており、児童生徒は容易にインターネットにアクセスすることができる世界を生きているといえます。

　スマートフォンによるインターネット利用者の利用内容について示したものが、図 8-1 です。その内訳は、高い順に、小学生では、「ゲーム」（70.9％）、「動画視聴」（60.8％）、「コミュニケーション」（43.6％）、中学生では、「動画視聴」（80.5％）、「コミュニケーション」（80.3％）、「ゲーム」（70.6％）、高校生では、「コミュニケーション」（90.5％）、「動画視聴」（85.7％）、「ゲーム」（74.8％）となっています。学校種によって、利用内容の順位に、若干違いはあるものの、児童生徒のスマートフォンによる利用内容の主なものがこれら 3 つであることがわか

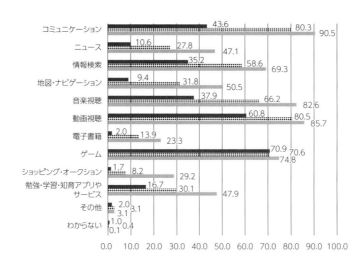

図 8-1　スマートフォンでのインターネットの利用内容

（内閣府「令和元年度　青少年のインターネット利用環境実態調査」をもとに作成（満 10 歳から満 17 歳に該当する者対象））

ります。

　上記のコミュニケーションは、主に、メールやインスタントメッセンジャーなど、ソーシャルメディアを通した行為としてとらえることができます。とりわけ、最近では、SNS（ソーシャルネットワーキングサービス）の世界的な発展により、多くの児童生徒が、程度の差こそあれ、まさに web 上で社会的なつながりを構築していると推測できます。無料通話アプリの LINE のほか、Facebook、Twitter、Instagram、TikTok 等、その特色はさまざまで、無数の SNS が存在しています。動画視聴やゲームについても、インターネットの影響によりその形態が進化しています。動画視聴では、インターネットを用いた動画共有サービスとして著名な YouTube は多くの児童生徒が使用しています。好みの動画の視聴にとどまらず、さまざまな学習動画もアップロードされており、学びの場としての側面もあります（図 8-1 の「勉強・学習・知育アプリやサービス」としての高校生の利用内容は 47.9％となっています）。そして、ゲームについては、インターネットを利用した様々なオンラインゲームが、スマートフォンなどから手軽にダウンロードできる形で利用されています。

第2節　インターネットに関する生徒指導上の課題

　スマートフォン等の情報端末は、今後も多様なサービスを付加しつつ、発展していくことでしょう。情報端末なしでは、われわれの日常生活は成り立たないほどに、その存在に依存しているといえます。発達の途上にある児童生徒にとっては、その影響は、良くも悪くも非常に大きいといえるでしょう。たとえば、スマートフォンなどの小型で高度な情報端末の普及により、インターネットの長時間利用によるネット依存の問題が現出しています。先に取り上げた内閣府の令和元年度調査では、学校種別にみた平日のインターネットの平均的な利用時間は、小学生 129.1 分、中学生 176.1 分、高校生 247.8 分となっており、学校種が上がるにつれて利用時間が長くなる傾向が明らかになっています。ネット依存は、睡眠の質の低下や睡眠時間の減少から生活習慣の乱れへとつな

がり、日常生活に重篤な支障をきたす場合さえあります。オンラインゲームにのめり込み、気づいた時には多額の課金をしてしまっていたというケースもあります。

　また、インターネットの利用には、①個人情報の漏洩や SNS を通したネットいじめ、②児童買春・児童ポルノといった性被害、③ネット詐欺、④不正請求、⑤コンピュータウイルスやワームなどを含むマルウェアといった被害に遭遇するリスクなどが常に存在します。ネットいじめでは、自分自身が無自覚的に加害行為をしている場合もあります。

　これらの被害と加害から自分と他者、さらには自分が属しているコミュニティーを守るために、基礎的な情報リテラシーとともに、常にそのリテラシーをブラッシュアップし続ける必要があります。それでは、インターネットに関する生徒指導上の課題について、ここではフィルタリングと SNS をきっかけとした性被害について、それぞれ見ていきましょう。

（1）フィルタリング

　「青少年インターネット環境整備法」が、2008 年 6 月に成立し、2009 年 4 月より施行されましたが、その後、同法は 2017 年 6 月に改正され、改正法が 2018 年 2 月より施行されています。「青少年インターネット環境整備法」が成立・施行されたことで、「フィルタリング提供義務」が携帯電話事業者に課されることとなりました。携帯電話事業者に対して、契約者、または、端末（携帯電話・PHS）の使用者が青少年（18 歳未満）の場合、保護者が利用しない旨を申し出た場合を除き、フィルタリングサービスの利用を条件として、通信サービスを提供することを義務づけたのです。2017 年の法改正により、この「フィルタリング提供義務」に加え、携帯電話事業者や契約代理店に対して、新規・変更契約時に、「青少年確認義務」、「フィルタリングサービス説明義務」、「フィルタリング有効化措置義務」も課されることとなりました。また、「フィルタリングサービス提供義務」の対象機器についても携帯電話・PHS だけでなく、スマートフォンやタブレットといった情報端末に拡大されることとなり

ました。

　フィルタリングとは、端的にいえば、違法性のあるサイトや不適切なサイトへのアクセスをブロックし、それらのサイトへのアクセス制限をするツールのことです。しかしながら、携帯電話事業者のネットワーク側のフィルタリングは、公衆 Wi-Fi といった携帯電話事業者以外のネットワークからのインターネットへのアクセスに対して、十分に機能しない場合があります。別途、スマートフォンなどにフィルタリングアプリや端末の機能制限の設定をするなどして、特定のサイト閲覧やアプリ起動の制限をする必要があり、その利便性に一定の課題があるといわれています。そのような課題に対処するために、現在では「あんしんフィルター」といったフィルタリングアプリが登場しており、携帯キャリア（NTT ドコモ、au、ソフトバンク）から提供されています。

　では、フィルタリングの普及状況はどうでしょうか。内閣府の令和元年度調査における保護者調査によれば、スマートフォンで「フィルタリングを使っている」のは、小学生 23.9％、中学生 45.7％、高校生 36.2％にとどまっています。平成 26 年度から令和元年度までのフィルタリングの利用状況を見ても、フィルタリングの利用割合は、横ばいから若干低下傾向にあり、必ずしも児童生徒が利用するスマートフォンに普及しているとはいえない状況にあります。

　SNS 上のトラブルやネット被害の問題は、教師や保護者の側からは見えにくく、顕在化した時には、すでに大きな問題になっている場合があります。そのため、インターネットに対する生徒指導では、家庭の協力が欠かせず、フィルタリングの利用を促すとともに、家庭でのルール設定や監督をお願いして、家庭と学校でインターネットの扱いに関する生徒指導上の方針を共有し、足並みをそろえていくことが大切です。

（2）SNS をきっかけとした性被害

　1999 年に「児童買春、児童ポルノに係る行為等の規制及び処罰並びに児童の保護等に関する法律」（以下、「児童買春・児童ポルノ禁止法」）が施行され、その後、2004 年に法改正がなされました。その背景には、インターネットなどの

発達により児童ポルノ被害に遭う児童の数が増え続けていたことや児童ポルノの単純所持罪（他人に提供する目的のない所持罪）を設けるべきとの国際社会からの要請がありました（警察庁『平成27年度　犯罪被害者白書』p.52）。なお、この法律における「児童」とは小学校に在籍している者ではなく18歳未満の者を意味しています。

　ここでは、警察庁生活安全局少年課「令和元年における少年非行、児童虐待及び子供の性被害の状況　訂正版」を参考に、児童ポルノ事案に巻き込まれた被害児童数の推移や、その児童らのフィルタリング利用状況について見てみましょう。図8-2は、児童ポルノ事犯の検挙を通じてあらたに特定された被害児童数の推移を表したものです。児童ポルノ関連の被害児童数が、年によって増減はあるものの、ここ10年間を通して右肩上がりで推移していることが見てとれます。また、この警察庁の統計からは、「児童買春・児童ポルノ禁止法」に関連した被害児童は、SNSを発端に犯罪に巻き込まれる場合が多くあることも示されています。

　図8-3は、SNSをきっかけに犯罪被害に巻き込まれた被害児童のフィルタリ

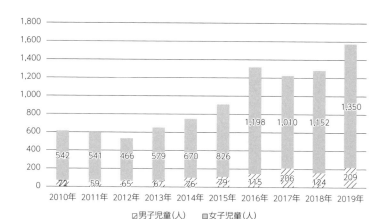

図8-2　児童ポルノ事犯の検挙を通じてあらたに特定された被害児童数

(警察庁生活安全局少年課「令和元年における少年非行、児童虐待及び子供の性被害の状況　訂正版」をもとに作成（「児童」は18歳未満）)

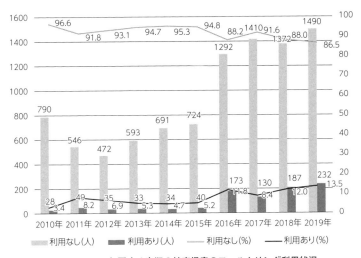

図8-3　SNSに起因する事犯の被害児童のフィルタリング利用状況

（警察庁生活安全局少年課「令和元年における少年非行、児童虐待及び子供の性被害の状況　訂正版」をもとに作成（「児童」は18歳未満））

ング利用状況について示したものです。被害児童のうち利用なしの人数が、とくに2016年以降上昇傾向にあり、利用なしの被害児童の割合は、どの年も85%以上となっています。犯罪被害に巻き込まれた児童の多くが、フィルタリングを利用していない傾向にあることがわかります。

第3節　情報モラル教育

　学習指導要領では、言語能力や問題発見・解決能力と並んで、**情報活用能力**（情報モラルを含む）は、学習の基盤となる資質・能力としてとらえられています。『中学校学習指導要領解説総則編』では、「情報活用能力は、世の中の様々な事象を情報とその結び付きとして捉え、情報及び情報技術を適切かつ効果的に活用して、問題を発見・解決したり自分の考えを形成したりしていくために必要な資質・能力である」（p.51）と定義されています。この「情報活用能力」

は、情報活用の実践力や情報の科学的な理解、情報社会に参画する態度から成り立っており、それぞれの教科や道徳、総合的な学習の時間など、横断的な教育活動を通して、児童生徒に形成していくことが目指されています。本章のテーマであるインターネットと生徒指導の観点からはとりわけ情報社会に参画する態度の形成のために、**情報モラル教育**の充実が求められています。

　具体的な教材や指導法については、文部科学省委託事業である「情報モラル教育推進事業」を通して、平成25、27、そして、30年度と「情報化社会の新たな問題を考えるための教材」が動画教材として開発・アップデートされており、YouTubeを通して一般に公開されています。それぞれの動画教材のテーマは、「ネット依存」や「ネット被害」、「SNS等のトラブル」、「情報セキュリティ」、「適切なコミュニケーション」などであり、「小5〜中1」や「中2〜高3」など、校種や学年段階ごとに、用意されています。また、動画教材とあわせて、教師用の「指導の手引き」も作成・公開されており、この手引きには、モデルカリキュラムや指導案、アンケート、ワークシートなども盛り込まれています。その他に、保護者用の動画教材も作成され、公開されています。

　情報モラル教育については、学校外の関係機関と連携した実践も行われています。代表的なものに、e－ネットキャラバンによる「出前講座」（e－ネット安心講座など）が児童生徒や保護者、教職員を対象に全国的に展開されています。平成28年度からは、フィルタリングに特化した講座「e－ネットキャラバンPlus」も開講されており、スマートフォンのフィルタリング設定に関する普及啓発も推進されています。

（宮古　紀宏）

〈引用・参考文献〉
警察庁　2015　平成27年版　犯罪被害者白書
警察庁生活安全局少年課　2020　令和元年における少年非行、児童虐待及び子供の性被害の状況　訂正版
文部科学省委託情報モラル教育推進事業　2016　「情報モラルに関する指導の充実に資する

調査研究」情報化社会の新たな問題を考えるための教材～安全なインターネットの使い方を考える～指導の手引き　株式会社エフ・エー・ブイ

文部科学省　2017　中学校学習指導要領

文部科学省　2017　中学校学習指導要領解説総則編

文部科学省委託情報モラル教育推進事業　2020　情報化社会の新たな問題を考えるための教材～安全なインターネットの使い方を考える～指導の手引き――平成30年度一部改訂版――　エヌ・ティ・ティラーニングシステムズ株式会社

内閣府　2020　令和元年度　青少年のインターネット利用環境実態調査

〈議論のポイント〉

　スマートフォンやタブレットなど、自分の情報端末の利活用についてふり返ってみましょう。そのふり返りを通して、子供の「情報活用能力」を育てるために、注意する必要があることは何か考えてみましょう。

〈読者のための読書案内〉

＊梅澤秀監・黒岩哲彦『教育と法の狭間で――法的アドバイスをもとにした実際の生徒指導事例60』学事出版、2019年：具体的な事例に基づき、生徒指導上、どのように対応することが望ましいか、法的な観点からわかりやすく解説された良書です。本章でも扱ったネット関連のトラブル対応についても説明されています。

＊樋口進（監）『ネット依存・ゲーム依存がよくわかる本』講談社、2018年：イラスト図解と具体例を交えながら、ネット依存やゲーム依存の問題について、わかりやすく解説されています。

＊文部科学省委託事業「情報化社会の新たな問題を考えるための教材」
https://www.youtube.com/playlist?list=PLGpGsGZ3lmbAOd2f-4u_Mx-BCn13GywDI 本章のなかでも紹介しましたが、YouTubeにアップされている情報モラルに関する動画教材です。各回、とてもコンパクトにまとめられていて、見やすく、わかりやすい動画教材です。

生徒指導と法

9

いきなりですが、仮にある学校に以下のような規則があるとします。

「登校は午前 8:15 までにしなければならない。3 日連続で遅刻した場合は、追加の清掃を行わなければならない。」

そして、次のような生徒（児童）A のことを考えてみてください。A は、ほぼ毎日 8:15 までに登校することができません。だいたいの場合 8:30 以後に登校し、9:00 以後の登校も珍しくありません。よって他生徒以上の清掃を課されることが頻繁に、約 3 年間続いていました。しかし卒業を 1 週間後に控え、ここ 2 ヵ月ほど登校時間は非常に早くなりました。8:15 に間に合わないことは相変わらず多いですが、この 3 日間は、8:17、8:18、8:16 に登校しています。教師らは「卒業前にずいぶん成長した。もう最後だし、清掃の罰はなしにしようか」と話しあっています。さて、どう対処するのがよいのでしょうか？

第 1 節 ： 生徒指導における法の扱いの難しさ

　生徒指導にとって、**法**とはどのようなものでしょうか。時折、教育においては「法の違反には**罰**があるように、学校の規則違反についても厳しい指導が重要だ」という見解を耳にします。たしかに学校で習得することを目指す規範意識は法の尊重と関係があります。ではその習得の方法そのものは、規則の遵守や罰の付与という方法によるべきでしょうか？　その規則が本当に重要か否かを考えるという方法の方が、規則の重要性を知る上で良いということはないでしょうか？

　法の重要性を知ることは、法を遵守することだけでもたらされるわけではありません。しかし教育の現場では、時折そのように混同されます。教育と法に

は根源的な乖離があるのですが、これを無視することは取り返しのつかない悲惨な事態を引き起こすこともあります。よって本章ではこの問題から始めて、法との関係において生徒指導のあるべき形を考えてみたいと思います。

(1)「成長」したが、違反している

さて、冒頭の遅刻の規則と生徒Aについて、読者のみなさんはどう考えたでしょうか。Aの登校時間は大きく改善している、「成長」したから、もうAへの罰はなくしてよいという考えに共感する人はいるでしょう。心情的には、とてもよく理解できます。では本当になくしてよいのでしょうか？

仮に、生徒Bの存在を考えてみましょう。Bは、この学校に入学してから一度も遅刻をしていません。Bは早起きは苦手でしたが、人知れず努力して改善してきました。一方で、登校時間は早くなったがまだ遅刻しているAを教師らが褒めていることには、不快感を覚えています。「何のための規則なんだ？」とも思っています。さて、Aへの罰をなくすのは適当でしょうか？

法は、異なる人間たちがともに生きる上でルールが必要だからこそあります。人々はそのルールを眺め、みんなで守るべきなのだから自分も我慢しよう、などと考えます。Aの「成長」を評価するのは教育的かもしれません。しかし、やはりまだ遅刻しているAの罰をなくしてしまう判断は法的とはいえません。

さらにいえば、Aの登校時間が早まったことだけで、Aが「成長」したといえるでしょうか？　もしかしたら最近学校に好きな人ができて早く来たいだけ、あるいは早く登校して誰かをいじめる快感を覚えてしまったのかもしれません。法は何にも優先して、第1に規則に沿って判断します。それはこうした細かい個別の事情を優先的に考えると共通のルールなど維持できないからです。

(2)生み出すのか、禁じるのか

教育的思考と法的思考のこうした違いは、実はとても根源的なものです。法はある行為を禁止し、違反する場合は罰を与えます。しかし教育は、こうした禁止や抑圧とはまったく異なる機能をもちます。哲学者のミシェル・フーコー

（Foucault, M.）は、18世紀以後の西洋の監獄、兵舎や精神病棟、そして学校は、法のような禁止・抑圧の権力ではなく何かを「生み出す」はたらきである**規律権力**を発展させたと言います。それは、建築上の工夫を含めて監視・記録・指摘が隅々まで、個々の人間に行き渡るシステムです。私たちはその管理のプレッシャーから模範的とされるふるまいに自身を同化させ、律していきます（フーコー, 1977）。昨今の教育政策は「主体性」を1つの理想としていますが、模範的な主体とはこうした管理から「生み出さ」れたということです。

　規律権力が発展したのは、私たちが繁栄のためにそれを求めたからです。システムが「生み出し」た主体は従順かつ生産的な労働力として経済成長を、規律された強い兵士として戦争の勝利を再度「生み出す」と考えられました。私たちは人間を「人材」とみることに慣れていますが、それは「生み出す」ための規律権力が広がった社会で、主体としての人間を社会発展の「材料」とみるようになったからかもしれません。

　さて本題ですが、遅刻の例でみたように、ある人間が法で禁止される行為をし続けているとしても、教育を受けるなかでその程度が軽くなってくれば、私たちはそこになんらかの善いものが「生み出さ」れていることを、つまり「成長」を見出すことがあります。しかし法が関心をもつのは、禁止事項に抵触しているかどうかだけです。遅刻の例のように法が禁止する範囲内でも、あるいは許容する範囲内でも「成長」は起こるはずですから、「成長」を見出そうとする教育者の視点は法とは異なる何かを求めていると言うべきでしょう。

　フーコーは法と規律が相容れないことを指摘し、しかし近現代社会が両者を接近させてきたことを批判しました。私たちも、教育と法を接近させ混同していないでしょうか？　以下では、生徒指導上の問題から考えてみましょう。

🌱 第2節　校則について

（1）校則はポエム？：校則の法的側面
　制服や頭髪、生活態度、登下校などに関する**校則**、時には「**生徒心得**」など

の名称で呼ばれるものは、多くの人にとって生徒指導という言葉となじみ深い
ものかもしれません。日本において校則は、長らく学校生活に欠かせないもの
と理解されてきました。とはいえ、規則は、すでに述べたようにそれを教育的
に理解するのか法的に理解するのかで、本来は活用の方法が異なります。この
点を見誤ると、深刻な問題がなぜ起きているのか理解できなくなります。

　昨今、校則についてはその理不尽さに関する報道が目立っています。たとえ
ば、寒冷地の高校で女子生徒が黒のタイツを着用することが禁じられる、髪の
毛が生来茶色がかっている生徒が黒染めを強要される、下着の色は白だと決め
られ教師にチェックされる、などです。これらの規則に沿うことを要求する指
導によって PTSD（心的外傷後ストレス障害）を発症したケースもあります。

　校則は一見すると法律のようですが、校則には法律上の根拠がないといわれ
ます。ある著名な憲法学者が、インターネット・テレビで「校則はポエム」の
ようなものだと言ったことがありました。私は笑ってしまいましたが、学校側
が勝手に「ポエム」のように「従え」「守れ」と言っているだけだから気にす
るなというのは、言い得て妙かもしれません。裁判例においては、校長は「教
育の実現のため、生徒を規律する校則を定める包括的権能を有する」（熊本中学
校丸刈り校則訴訟・地裁判決）とされる一方、法的には生徒の権利・義務を発生さ
せない、ともされています（兵庫中学校丸刈り校則訴訟・最高裁判決）。

(2)教育上の問題としての校則

　もっとも、校則は「ポエム」のようなもので法的な義務を発生させないから
といって、問題のすべてがなくなるわけではありません。「ポエム」も、唱え
方や唱える人の印象によっては、子どもは恐怖するかもしれません。校則が法
の問題ではないとしてしまうことは、校則から発生する苦しみを司法・裁判所
が救ってくれないということと紙一重です。

　人間の子どもは、おとなの支援なしには生育できません。また社会も、子ど
もの従順な姿勢を評価しがちです。つまり子どもは、生物学的にも社会的にも
周囲のおとなをかなり信頼しながら成長するほかありません。多くの子どもに

とって、校則はこうした過程で学校や教師の権威を帯びながら提示されます。校則は「ポエム」だから聞き流せばよいというメッセージは、一部の理性的な子どもにとっては「従ったふり」のような対応戦略を授けるでしょう。しかし、「おとなの言うことは聞きなさい」と言われそれを信じなければならないと思ってきた子どもには、届かないメッセージかもしれません。場合によっては子どもに、「私は従う義務のないものに従ってしまう弱い人間だ」という無力感をもたらす最悪の教育となる可能性もあります。そのように考えると、順守する義務のない校則だからといって残しておいてよいのか、撤廃しなくてよいのか、吟味しなくてはならないでしょう。

　昨今では、校則を撤廃する公立学校も出てきました。はたして校則が本当に必要なのか、教育上の危険性をふまえて議論が尽くされなければなりません。

第3節　出席停止・停学・退学

　学校・教師は、学校教育の目的に応じて児童生徒へ**懲戒**を与えることがあります。懲戒という言葉から想起されるものは、軽微なものとしては学校で日常的に行われる注意、もっとも重いものとしては退学処分などがあるでしょうか。しかし、児童生徒には憲法で認められた「教育を受ける権利」がありますので、簡単に処分することなど望ましくありません。そのため、懲戒処分を下す側を拘束するために法的な規制が必要になります。

学校教育法施行規則
第 26 条　校長及び教員が児童等に懲戒を加えるに当つては、児童等の心身の発達に応ずる等教育上必要な配慮をしなければならない。
2　懲戒のうち、退学、停学及び訓告の処分は、校長（大学にあつては、学長の委任を受けた学部長を含む。）が行う。
3　前項の退学は、公立の小学校、中学校（学校教育法第 71 条の規定により高等学校における教育と一貫した教育を施すもの（以下「併設型中学校」という。）を除く。）、義務教育学校又は特別支援学校に在学する学齢児童又は学齢生徒を除き、次の各号のいずれ

かに該当する児童等に対して行うことができる。
　　一　性行不良で改善の見込がないと認められる者
　　二　学力劣等で成業の見込がないと認められる者
　　三　正当の理由がなくて出席常でない者
　　四　学校の秩序を乱し、その他学生又は生徒としての本分に反した者
　4　第二項の停学は、学齢児童又は学齢生徒に対しては、行うことができない。
　5　学長は、学生に対する第二項の退学、停学及び訓告の処分の手続を定めな
　　ければならない。

　学校種によって可能な懲戒の限度があることは、根本的な事柄となります。
3項にあるように、公立の小中学校、義務教育学校、特別支援学校に在学する
学齢児童生徒は、退学にできません。
　また仮に懲戒が本人のためだとしても、懲戒によって生徒が改心するかもし
れない一方で、深く傷つくかもしれません。懲戒に両側面があることは、懲戒
が効果的であるためには教師に深い見識や鋭い観察眼が求められることを意味
します。

🌱 第4節 ┊ 身体的な懲罰をめぐって：体罰と懲戒の間で

（1）体罰と「成長」

　学校教育における**体罰**は、**学校教育法**11条で禁止されています。しかし同
条では、「校長及び教員は、教育上必要があると認めるときは、文部科学大臣
の定めるところにより、児童、生徒及び学生に懲戒を加えることができる」と
もされています。禁止される体罰と、認められる懲戒の違いは何でしょうか？
過去の歴史や裁判例においては、多様な解釈がされています。現在でも、殴打
のような身体的・物理的な力の行使、身体的懲罰が教育にとって重要だと考え
る人もいます。そう考えると学校教育法11条は、良いか悪いかはともかくと
して、実に融通が利く形に作られている、ともいえるかもしれません。

人間は時に、**暴力**からなんらかのメッセージを受け取ってしまうことがあります。もしある人間Ｃが別の人間Ｄを殴打したのがきっかけとなってＤの努力に火がついてしまうと、Ｄ本人も周囲もＤの「成長」を見て取ってしまう場合があります。フーコーが言ったように教育は「生み出す」はたらきですが、この考えが浸透した私たちの社会では、Ｄに「成長」があればその教育は成功だったとなりえます。つまり、それが身体的懲罰であっても学校教育法11条のいう「教育上必要がある」事柄だと理解される可能性が出てくるということです。

　【体罰に関する最高裁判決　2009（平成21）年】公立小学校２年生の男子児童Ｅが女子児童を蹴っていたため講師Ｆが注意すると、ＥはＦをも蹴った。その後、ＦはＥの胸元を掴んで叱った。この行為ののちにＥはPTSDを発症し、Ｅ側が損害賠償請求訴訟を起こした。一審、二審とも体罰と認定したが、最高裁は「教育的指導の範囲を逸脱するものではなく」、「体罰に該当するものではない」、「やや穏当を欠くところがなかったとはいえない」が、「目的、態様、継続時間等」から判断して許され、「違法性は認められない」とした。

（2）体罰の怖さ

　はたして、教育における身体的懲罰をどう考えるべきでしょうか？　１節の内容も含め、「人によって罰の効果は違う」などと「成長」の可能性の方に気を取られると、法的に禁止すべき事柄は永遠に決まりません。たしかなことは、教師のどのような教育的な「善意」、あるいは「愛情」があろうが、身体的懲罰によって深く傷つく児童生徒は出てくるだろうということです。

　【大阪市立高校バスケットボール部生徒の自死　2012（平成24）年】バスケの強豪校で主将を務めていた生徒Ｇが、自死した。顧問ＨはＧの顔などを殴打していたことが発覚。Ｈの指導力は、周囲の教師や保護者らから認められていた。Ｈは刑事告訴され懲役１年・執行猶予３年の有罪判決となり、その間に市からも懲戒免職処分を下されている。

　一般的に懲罰はそれのみでも苦痛ですが、子どもから生きる意欲を奪いもします。また学校以外の場では、身体的・物理的な力の行使は暴行罪や傷害罪になりえます。学校においてだけそれが許されてよいのかは、考えなくてはなら

ないでしょう。しかし上記の事例で顧問Hの指導力が校内外で認められていたことは、暴力と教育がきわめて密接な関係にあることを示唆しています。

第5節　「善意」の指導と、暴力

（1）「善意」・「熱意」と死

「真の教育は、子どもを成長させるものだ」という考え方は、多くの人に共有されているかもしれません。しかしもし教育が、ある人間が別の人間に対し影響を与えようとする行為であるなら、それはなんらかの意味で心理的・物理的な力を加えることです。それによって人が「成長」することもあれば、苦しむこともあるのは当然でしょう。以下は、一種の「善意」や「熱意」が不幸な形で機能してしまった事案です。

【鹿児島県　公立中学校での指導後の生徒の自死　2015（平成27）年】ある男子生徒Iが、他生徒Jへ嫌がらせをしたとの理由で担任Kから叱責を受けた後、自死した。Jは学校で突然涙を流す、欠席するなどのことがあったため、担任Kは別の生徒からされた「嫌なこと」を示すよう求めたが、その中にIらの名があった。Kは「（Jが）学校に来られなくなったら責任を取れるのか」などとIらを叱責、さらにその後、予告なしにIの家を訪れた。Iが自死したのはKが帰った後であった。この事案について調査した第三者委員会は、IとJの間には方言による誤解があったものの「いじめ」があったとは認定できないとしている。自死したIは、まじめで責任感が強く、何事にも一生懸命な人物であったという。

担任Kは、指導に熱心な人物であったことが知られていた。第三者委員会はそれを認めながらも「いじめ」があった前提での指導の拙速さを指摘し、「生徒の立場」に立った指導、あるいは圧力的ではない「支援」の重要性を提言している。

　これまで述べたように、ある人々がある教育行為に「善意」や「愛情」を認めても、別の人々にとってそれは苦しいことかもしれません。

　もっとも、この鹿児島県の事案における指導に法律上の問題があるのかということになると、きわめて難しい話になります。それはいいかえると、日本の法秩序は一般的には暴力を禁じているものの、この事案のような教育上の指導

が宿す一種の暴力性を禁じる発想を、これまでもっていなかったということです。ここにも、教育と法の乖離があります。私たちは暴力を（法で）禁止したつもりでいますが、人の「成長」（教育）に役立つ可能性がある行為については、心理的・物理的な力の行使を法で禁止される暴力の範囲に入れてこなかったのです。自分の子どもを自死で失った大貫隆志らは、教師の指導を契機とする死を「指導死」と呼び、警鐘を鳴らしています（大貫他, 2013）。指導が有する暴力性を私たちが自覚するべき時代が、到来しているのかもしれません。

（2）　開き直りの暴力

　教育が暴力性をはらむなら、不幸な出来事をゼロにすることはきわめて難しいでしょう。ただし、そこで開き直ってしまうのはまた別の問題です。指導そのものより深刻な暴力性は、自死のような予期せぬ結果に対して私たちが抱く感情、その感情により導かれる言動に宿っています。たとえば教師が自分の教育実践に何も問題はないと思い込んでいる時、児童生徒の予期せぬ自死、あるいは不登校といった結末を受け入れきれません。そうすると「私は間違っていない」、「あの子の心の方に問題があった」などと思ったり、発言したりしてしまうことになります。それは当然、当の児童生徒、あるいは自死の場合は遺族をさらに傷つける第2の暴力となります。第1の暴力は被害者にとって突然のものですが、第2の暴力は「私が間違っているのかも」と自分を疑う被害者に追い打ちをかける、より深刻な影響をもつ危険があります。昨今「セカンド・レイプ」が問題とされるように、この第2の暴力の威力は強大です。

　先の鹿児島の事案の第三者委員会の報告書は公表されていますが、ここからは教育委員会が生徒Iの自死の理由について、自死の翌日には「いじめ」に「責任」を感じてのものと理解していった経緯がわかります。しかしすでに述べたようにIの行為が「いじめ」とは言えないものだったのなら、こうした教育委員会の理解はなぜ生じたのでしょうか。教師の行為に由来する児童生徒の被害や自死の事案では、こうした早計な解釈は学校や教育委員会による「隠蔽」だと批判されることがあります。私たちは別に悪気がなくても、自分の行

為が間違っていないことにしたい衝動からそうしてしまうのかもしれません。

　教育上の指導は、心理的・物理的な力を加えるという側面を有していても違法とならない範囲があるとすでに述べました。しかし、そうした指導の危険性への無自覚や開き直りはさらに暴力的です。児童生徒への指導に由来する損害賠償請求訴訟は少なくありませんが、それは「隠蔽」のような第2の暴力によって、被害を受けた側が学校・教師・教育行政に対する信頼をなくしたために起こされたのだといえます（住友, 2017）。

　教育は人間に影響力を行使し、「成長」させることができます。しかし力の行使であるため、同時に危険もはらんでいます。そのことの忘却が、先の第2の暴力を導くのでしょう。教育の力に魅了されすぎると、私たちは気づかぬうちに法に抵触する領域に侵入してしまうのかもしれません。**（佐藤　晋平）**

〈引用・参考文献〉
大貫隆志（編）　2013　「指導死」——追いつめられ、死を選んだ七人の子どもたち——　高文研
住友剛　2017　新しい学校事故・事件学　子どもの風出版会
フーコー，ミシェル　田村俶（訳）　1977　監獄の誕生——監視と処罰——　新潮社

〈議論のポイント〉
　学校現場の常識で、一般社会であれば法に抵触しそうなことはないでしょうか？　またあるとすれば、それはなぜ学校では常識なのでしょう？

〈読者のための読書案内〉
＊**大貫隆志（編）『指導死』——追いつめられ、死を選んだ七人の子どもたち』高文研、2013 年**：「指導死」の言葉を作った大貫を始め 7 人の子どもの親の手記です。教師の指導・教育が予期せぬ不幸を発生させうることがわかります。
＊**西郷孝彦・工藤勇一『これからの学校のかたち』集英社、2019 年**：校則廃止、定期テスト廃止、固定担任制廃止など、公立中学校で子どものための斬新な改革を実施してきた 2 人の校長の対談です。
＊**住友剛『新しい学校事故・事件学』子どもの風出版会、2017 年**：学校事故・事件の事後処理に長年携わり、この領域の第一人者である著者の研究成果をまとめた一冊です。

チームで取り組む生徒指導

「学級王国」という言葉があります。担任の強い指導のもと、子供たちの自主性や主体性を育んでいくという良い意味で使われ始めた言葉でした。今では担任教師がほかの教師との交流や協力をせずに、閉鎖的な学級経営をするという否定的な意味で使われます。そして閉鎖的な学級経営は、担任の指導が通用しなくなった時に「学級崩壊」につながりやすいものです。

学校はもともと、複数のチームから成っています。しかし教員は学年チーム（学年会）、分掌チームに所属し、そのなかで教科担任、学級担任、分掌の係、部活動顧問など、実質的には単独で責任を担うことが多いのです。

中央教育審議会は平成27年12月に「チームとしての学校の在り方と今後の改善方策について（答申）」を公表しました。そのなかでも強調されたように、学校が抱える課題は、従来と比較してますます複雑化・多様化し、さらに困難になっています。たとえば、特別支援教育の対象になる児童生徒の増加傾向や、子供の貧困の問題、さらには、ＳＮＳなどおとな社会でもその変化に追いつけていないような新しい文化が生徒指導に及ぼす影響など、現状の「教員だけ、学校だけ」では対応することが困難になっています。

第1節　チームの連携のあり方

昨今子供たちの問題を対応するにあたって、あらためてチームとしての「連携」の重要性が浮かび上がります。この連携には2段階あります。まず、従来の教職員組織にあらたな専門スタッフを加えた学校組織内の**連携・分担**です。専門スタッフには、心理福祉の専門性を有するスクールカウンセラー（S

Ｃ）やスクールソーシャルワーカー（ＳＳＷ）、授業を支援する ICT 支援員や学校司書、外国語指導助手、補習を担当するサポートスタッフ、また、活動における部活動指導員、さらに特別支援教育に関する専門スタッフとして特別支援教育支援員、同コーディネーターなど、多岐にわたる職員がいます。「連携・分担」がうまく働くための重要なポイントは、**「相互理解」**と**「相互リスペクト」**です。

　２段階目はこれら専門スタッフを含んだ学校組織全体と地域・関係機関との**「連携・協働」**です。学区内の諸団体や、教育委員会・警察・消防・保健所・児童相談所などの関係機関との連携・協働を進めることが大切です。この「連携・協働」がうまく働くための重要なポイントは、**「共感性」**と**「補完性」**になります。**「連携・分担」**と**「連携・協働」**の２段階のチーム連携について、具体的な例をあげながら、記述していきましょう。

第2節 学校組織内のチーム：連携と分担

（1）学年のチーム連携

　チーム連携の基本は学年チーム（学年会）です。つまり教員同士の連携・分担です。学年会は教員がそれぞれ学年内で校務分掌を分担しますから、実は各教員の仕事は孤立しやすくなります。「自分の分担以外はわからない」「担当した仕事（学級）は自力でやりきらないと」となりがちなのです。しかし、学年の生徒指導は、学年の教員全員で生徒指導にあたる必要があることは言うまでもありません。

　まず、学年チームで**アセスメント**（児童生徒理解）することが大切です。学年に所属する全教員が学年の全児童生徒のアセスメントをするのです。問題傾向がみられる子供について、個別に情報交換するだけでなく、すべての子供を分析し、対応策を考えることが重要です。

　個別の子供をアセスメントする方法としては、観察法、テスト法、面接法が主な方法としてあげられます。複数の教師が１人の子供について観察したこと

をもち寄れば、かなり正確な児童生徒理解になります。さらに客観性の高い児童生徒理解にするためには、テスト法を用いることです。たとえばテスト法には学級適応感尺度や自己肯定感尺度、ソーシャルスキル尺度など研究者が開発し、一般に使える尺度（アンケート）が数多くあります。

　最近では、「楽しい学校生活を送るためのアンケート　ＱＵ」のように、全国の多くの学校・自治体が採用するような市販のテストもあります。このＱＵテストでは、すべての児童生徒を「満足群（承認得点が高く、被侵害得点が低い）、非承認群（承認得点は低いが、被侵害得点も低い）、侵害行為認知群（承認得点が高いが、被侵害得点も高い）、不満足群（承認得点が低くて、被侵害得点が高い）」の４群に分類するので、個別の現状把握と同時に児童生徒すべての現状把握が可能になります。

　生徒指導上とくに留意する必要のある子供に対しても、学年の教員は共通理解のもと、共通の指導を徹底することができます。「１組の○○君は、こだわりの強い子で、いきなり作業を終了するとパニックになるから、『あと、５分。あと１分』と予告をしっかりとしましょう」と指導法を合わせる、などです。

　また、先ほどのＱＵを活用する例では、「うちの学年は侵害行為認知群の生徒が多いようだ。そういえば例年より、ギスギスした言動が目立ちますね。いじめが発生する前に、攻撃的な言動を抑制するような学年集会をやりましょう」というようなチームで行う生徒指導が可能になります。先生たちが同じ見方で見、同じ言い方で指導することによって、子供たちは「先生たちはチームで動いているんだな」と実感するものです。

（2）校務分掌のチーム連携

　①校務分掌は縦断的な組織です。教務部、生徒指導部、特別活動部、校内委員会などがあります。問題行動が明らかになったら、学年チームと生徒指導部との連携が必須です。「部活動後の下校中に買い食いがある。一方的な奢りが広がっているようだ」という情報が得られた時、当該部活動顧問に指導を任せるのでは後手を踏みます。迅速に事情を把握するためには、まさに分担するこ

とが不可欠です。

生徒指導部を司令塔にして、聞き取り作業は担任たちが分担する。情報を集約し、事態を客観的に整理把握し、対応を決定する。生徒指導部の決定した方針に基づき、学年の生徒指導担当から生徒たちに指導を行う。

学年をまたいでの問題行動があった時、学年によって指導のトーンが異なれば、教員集団に対する不信感が募ります。また、部活動顧問だけで指導にあたると、部活動ごとに対応が異なり、結果的に教員集団に不信感をもつようになります。

②分掌チームの連携・分担のもう１つの例をあげます。たとえば、ある学年のある学級にいじめが起きました。学年会と生徒指導部が早期発見、早期対応をして、いじめは解決したとします。**問題解決的生徒指導**が成功したあと、生徒指導部では当該の被害生徒・加害生徒だけでなく、どうも学級（学年・学校）全体に「冷やかすような言葉」「からかうような言葉」が蔓延している、放っておくとまたいじめが起きそうだと判断したとします。そこで、**予防的生徒指導**を特別活動部に依頼をすることになります。

特別活動部では、生徒会担当が生徒会役員を招集し、「言われて嫌な言葉アンケート」を実施し、嫌な言葉（小学校ではチクチク言葉）ワースト５、（うざい、きもい、死ね、など）を発表し、生徒会朝礼で「チクチク言葉追放キャンペーン」を呼びかける。予防的生徒指導の連携・分担例です。予防的・開発的な手

表 10-1　教育相談でも活用できる新たな手法など（要約抜粋）

グループエンカウンター	人間関係づくりや相互理解、協力して問題解決する力の育成
ピア・サポート活動	児童生徒同士が互いに支えあう関係をつくる
ソーシャルスキルトレーニング	様々な社会的技能をトレーニングにより育てる方法
アサーショントレーニング	「主張訓練」と訳される
アンガーマネジメント	自分の中に生じた怒りの対処法を段階的に学ぶ方法
ストレスマネジメント	様々なストレスに対する対処法を学ぶ手法
ライフスキルトレーニング	自分の身体や心、命を守り、健康的に生きるためのトレーニング
キャリアカウンセリング	職業生活に焦点を当て、カウンセリング的方法で将来の生き方を考え、必要な力を育てる

法として、『生徒指導提要』（文部科学省, 2011）があげている８つの手法を、要約抜粋して表 10-1 で紹介します。

　③生徒指導では、問題解決的生徒指導、予防的生徒指導の上に、さらに３段階目の**開発的生徒指導（成長を促す生徒指導）**、つまり未然防止が究極の目的になります。

　前の例であげた、嫌な言葉を追放するキャンペーンは、予防的生徒指導でした。次の開発的生徒指導にはどんな例があるか。たとえば、図書委員会が推薦図書のなかから、「言われて幸せになる言葉５選」（ありがとう、大丈夫だよ、味方だからね、など）を発表、学年会がこの言葉を積極的に使うような取り組みをする。さらに広報委員会が、これらを新聞で扱ったり放送したり、美化委員会がポスターを作成して掲示するなどの連携・分担です。学年会と各分掌チームがこのように取り組む時、連携・分担の効果は大きなものになります。

（３）教員系以外の職種との連携

　教員系とそれ以外の職との連携・分担がうまくいくためのキーワードは、「**相互理解**」と「**相互リスペクト**」です。同じ職場で長年一緒に働いていても、職種が異なると驚くほど相互の仕事を知らないことに気づきます。高度な専門性をもっているのは教員だけではなく、事務職も、用務も栄養、給食も同様です。

　①　用務主事という職種は、施設の保守・整備や美化などが主な仕事です。この通り一遍の理解が、一緒に活動をすることにより一変します。子供に美化ボランティアを呼びかけ、校内の壁などのペンキ塗りをした時のことです。「ローラーにペンキをつけたら、いったんしごいてペンキの分量を調整するんだよ。ローラーは下から上に転がすんだよ。上から下に動かすと、ほら、滴が顔にはねるでしょ？」理路整然とした説明に生徒は納得しながら作業します。主事さんは作業前に、丁寧にビニールシートとテープを使って廊下を養生しておいてくれました。作業後、床はペンキでベトベトになっているのですが、養生したシートを剥がすと、まるで魔法のようにキレイな床がよみがえります。

ここで生徒たちから「お〜」という、驚きと満足のどよめきが起きます。開発的な生徒指導を、用務主事さんと連携・分担して行う時のキーワードは、まさに彼らがもっている知識と技能と誇りに対する**理解**です。理解するから**リスペクト**が生じます。教員のなかに生まれた理解とリスペクトは、確実に児童生徒に伝わります。だから、用務主事さんが単独で子供に関わってくれる生徒指導が効力を発揮するのです。「そこにゴミを捨てないでね」「はーい、ごめんなさい」と。

② 栄養士さん、給食主事さんが本来の業務を超えて、子供たちに食育指導に携わってくれるような時も、ただ仕事の丸投げでは効果は出ません。養護教諭や家庭科の専任教諭が連携して、子供たちへの指導を一緒に行うことが効果的です。その際に、教員たちが彼らの仕事を理解しリスペクトすること、それを子供たちが感じとっていることが、この連携・分担が成功するポイントです。そして、連携を通した子供たちへの指導が根づいてはじめて、彼らの「給食の残滓を減らしましょう」という呼びかけが、子供たちの心に届くようになります。

③ 図書室に勤務する司書が、教育相談担当の教員と連携分担する取り組みも、大きな力を発揮します。悩み事をもった子供たちは、先生たちに相談するきっかけがつかめないまま、しだいに追い詰められることがあります。本好きな彼ら彼女たちが、昼休みや放課後に、図書室で静かに読書を楽しんでいる合間が大きなチャンスなのです。本の紹介や感想を述べる合間にポロリと語られた心のうちを、司書のなかだけにとどめてはいけません。生活指導部の教員と定期的な情報交換の場面があれば、教員には打ち明けにくい話を把握し、指導・援助につなげることができます。

（4）専門家とのチーム連携

①スクールカウンセラー（ＳＣ）とのチーム連携の要は、まさに連携・分担です。学校内外での問題行動の目立つ児童生徒に対する問題解決的生徒指導が一応終了した後、「なぜ、あの子は同じようなことをくり返すのだろう？」と

学年会、生徒指導部で話題になった時、「ＳＣの先生のところへ行きなさい」と指示することがあります。

　個室内での一対一の環境だからこそ、じっくりと聴くことができる話があります。評価的にならずに、無条件に肯定的な姿勢に徹しているから、やっと「話してみようかな」という気持ちが生まれるのです。ＳＣが活躍する場面です。

　この共感的理解は嬉しいです。しかし、理解してもらっただけでは、ひとりでこれまでの行動をすべて変えていく勇気は出ません。ここから先は担任教諭の出番です。SCからの情報をもとに協力して、彼らが行動変容しその結果として対教師、対友人の関係を変容させる。教室内のキーマンたちに事前に根回しするのも、彼らと信頼関係のある担任教諭だからできることです。教諭とSCが連携・分担するから、子供は勇気をもって今の自分を変えるための１歩を踏み出すことができます。

　気になる子供をSCにつないで自分の仕事が終わった気になっている教員が増えているようです。逆に「この子は、○○なので○○になるのです」とコメントしただけで終わってしまうSCもいます。SCにつながったところから、連携がスタートします。教員とSCはイコールパートナーです。双方が「**相互理解**」し「**相互リスペクト**」することで、良い連携・分担が可能になります。

　②家庭訪問することができるスクールソーシャルワーカー（SSW）は、さらに保護者や子供の親身な味方という姿勢を示すことができます。保護者も子供も自分のフィールドだから安心して本心を言いやすいのです。いきおい、学校体制や教師個人への批判的な話を聞くことも多くなります。この時、SSWが学校組織全体や個別の教師のことを十分に理解できていないと、心情的に家庭側の批判に偏ったアセスメントになってしまいます。これでは事態は解決に向かいません。専門スタッフと教員のあいだに、キーワードにした「相互理解」と「相互リスペクト」がなければ、学校に対する批判勢力が増えるだけです。家庭への理解をもとにしながら、情報を学校と共有し、客観的な状況把握を深め、指導策、支援策を分担することが大切です。

第3節 : 学校と地域とのチーム：連携と協働

（1）地域の方々

　地域の方たちからの情報提供にはさまざまなものがあります。なかには、登下校中の生徒の様子を告げながら、指導を要望する電話や手紙もあります。「お宅の生徒が乗る自転車とぶつかりそうになりました。『ババア！』と怒鳴られました」「登校中に騒がしくて赤ちゃんが泣きます」「ピンポンダッシュが何回もあって困っています」などの苦情も多く寄せられます。

　「下校中の生徒さんが、1人の子供に皆のカバンを持たせています。いじめじゃありませんか？」などは、有力な情報提供です。また、コンビニで騒いで店員さんに悪態をついたり万引きをしたりという、情報をもらうこともあります。

　これらを「苦情対応」とは考えずに、連携・協働を目指したいものです。学校外での児童生徒の行動に迷惑を感じているだけでなく、地域のおとなとして「あの子たちが心配だ」と心を痛めているのです。

　地域や関係機関との**連携・協働**のためのポイントは**共感性**と**補完性**です。この子たちを放っておけないというおとな同士の**共感性**を土台に、それぞれの立場でできることを考えるのが**補完性**です。

　地域の施設の壁に書き殴った落書きがあった。地域の方による落書き消しのボランティア活動に教員や生徒が参加するというのは、生徒へのペナルティではなく、予防・開発（成長を促す）的な生徒指導になります。生徒指導は学校内だけにとどまりません。

（2）地域の専門機関

　次に地域の専門機関との連携について、ある例をもとに説明します。学校を出て帰宅の途についた時、学区内にある管轄警察署の少年係長から携帯電話に着信がありました。書店で女子中学生による万引きがあり、当該生徒を補導し事情聴取をしたというのです。事後、父親から「一方的に犯人扱いし、冤罪

だ」という苦情電話があったという内容でした。そのまま、警察へ直行し、善後策を検討しました。「調書はすでにまとめられており、課長決裁を待つばかりです。そうすると児童相談所、または裁判所からの呼び出しを受けることになります。あの子大丈夫ですか？」「大丈夫ではありません。心理的に不安定な子で、このままでは不登校になります」「課長に回すのは少し待ちますが、校長先生からお父さん、お母さんに話していただけますか？」

　調書内容とビデオカメラの映像、店員の証言は完全に一致していました。万引きの事実は動かせません。優等生である子供の行動を、お父さんお母さんが信じられない思いはよく理解できます。その心情を十分受け入れた上でお話した内容を、両親は理解し、こじれそうだった事態は決着しました。

　警察と学校では、その機能は異なります。警察は犯罪行為を検挙するのが本分です。それでも、「校長先生、あの子大丈夫ですか？」という少年係長のおとなとしての心情は、おとな同士としてまったく共感するところです。この共感性を土台に、それぞれの得意分野で互いに補完しあう、そのような連携・協働が、ピンチに陥った子供を救うことを可能にします。

　生徒指導提要には、連携可能な専門機関として27機関があげられています（図表5−4−1）。それぞれの機関には設置に関する法律があり、それに基づき職務内容と責任、権限があります。それを理解した上で、学校と専門機関が補完的に連携することにより、多くの子供たちにより有効な指導・支援が可能になるのです。

（藤川　章）

〈引用・参考文献〉

河村茂雄　2006　学級づくりのためのQ−U入門──「楽しい学校生活を送るためのアンケート」活用ガイド　図書文化社
文部科学省　2011　生徒指導提要　教育図書
文部科学省　2015　チームとしての学校の在り方と今後の改善方策について（答申）

〈議論のポイント〉

　自分が児童生徒だった頃、養護の先生に相談したら、その件で担任から呼ばれた、というような経験はなかっただろうか。その時、嬉しく感じる時と嫌な感じになる時がある。この差は何から生じるか考えてみましょう。

〈読者のための読書案内〉

＊國分康孝（編）『育てるカウンセリングが学級を変える（中学校編）』図書文化社、1998年：國分康孝が提唱する「育てるカウンセング」とは、予防的開発的教育相談です。学級担任が学級経営に使える技法を伝えています。

＊八並光俊・國分康孝（編）『新生徒指導ガイド──開発・予防・解決的な教育モデルによる発達援助』図書文化社、2008年：生徒指導の基礎概念として、問題解決的生徒指導から予防的・開発的生徒指導のつながりを重視しています。アセスメント、カウンセリング、ガイダンスカリキュラムなどを具体的な援助サービスとして紹介しています。

＊日本生徒指導学会（編）『現代生徒指導論』学事出版、2015年：戦後、アメリカの「ガイダンス」導入から生徒指導が始まったこと、そして現代的生徒指導上の課題と実践的な展開を、ＳＣ、ＳＳＷや外部機関との連携のなかで述べています。

11

進路指導・キャリア教育の意義と原理

21世紀に入り、日本では学校にキャリア教育という活動が浸透するようになってきました。しかし、それまでキャリア教育にあたる活動がなかったわけではありません。専門家のあいだで**「本来の進路指導」**と呼ばれていた活動がそれにあたります。実際、中央教育審議会（2011）では「進路指導のねらいは、キャリア教育の目指すところとほぼ同じ」と明言されています。

ところが残念ながら、現場では、いわゆる**「出口指導」**と呼ばれる活動こそが進路指導であるとの誤解が蔓延し、本来の進路指導の普及を阻んでいました。そこで、この局面を打開するために、あらたにキャリア教育という用語が導入されたというのが実情です。ここでは、キャリア教育と共通する本来の進路指導の意義を確認し、運用のための原理を理解しましょう。

第1節　進路指導・キャリア教育の位置づけ

いわゆる出口指導の特徴を思いつくままに列挙すると、①卒業間近になって行われる、②教員が行く先を割り当てる、③就職先・進学先でうまくいかなかった場合のことはあまり関知しない、といったことがあげられます。「割り当てる」とは、本人の意思とは無関係に強制されるというニュアンスで、背景に「指導＝強制」という誤解があるようです。

じつは、日本語の「指導」という言葉を手がかりに、その活動内容を類推しようとするのが大きな間違いです。というのは、進路指導および生徒指導は、日本発祥の活動ではなく、ともに、20世紀初頭にアメリカで始まった**ガイダンス**（guidance）という活動に由来するからです。そして、ガイダンスは個人

の**自己実現**を目指す活動であり、強制とは相容れないものなのです。

　それでは、本来の進路指導とは何か。日本の学校教育における進路指導の定義を見てみましょう（文部省. 1983）。

> 　進路指導は、生徒の一人一人が、自分の将来の生き方への関心を深め、自分の能力・適性等の発見と開発に努め、進路の世界への知見を広くかつ深いものとし、やがて自分の将来の展望を持ち、進路の選択・計画をし、卒業後の生活によりよく適応し、社会的・職業的自己実現を達成していくことに必要な生徒の**自己指導能力**の伸長を目指す、教師の計画的、組織的、継続的な指導・援助の過程である。

　この定義をみれば出口指導が成り立つ余地はありません。まず、計画的・組織的・継続的とあるように、卒業間近に慌ただしくやるような活動ではなく、入学当初から系統立てて行うことが求められる活動です。また、「卒業後の生活によりよく適応し」とあるように、一流の学校や企業に入ってしまえばそれでハッピーエンドではなく、その後の生活をうまくやっていくことも目指します。うまくやると述べましたが、まわりと適当に合わせてやっていくという意味ではなく、自己実現、すなわち、自分らしく生きることがもっとも重視されています。

　さらには、**自己指導能力**という言葉も登場しています。進路はほかの人から与えてもらうわけにはいきません。なぜならば、たとえ親・教師であっても、その人の一生に最後までつきあうことはできない以上、その進路選びが失敗であった時の責任をとることができるとは限らないからです。あくまで本人が自己指導能力、すなわち、自分で自分の方向性を見つける力を養っていかなくてはならないのです。もちろん、児童生徒が最初から、その力をもっているわけではありません。学校のなかでの活動を通して少しずつ身につけていくほかはないのです。

　さて、それでは、現在のキャリア教育はどのように定義されているかをみてみましょう（中央教育審議会. 2011）。

> キャリア教育の定義
> 　一人一人の社会的・職業的自立に向け、必要な基盤となる能力や態度を育てることを通して、**キャリア発達**を促す教育。
> キャリア発達の定義（同）
> 　社会の中で自分の役割を果たしながら、自分らしい生き方を実現していく過程

　表現は異なりますが、自己実現を目指す活動であるという基本は変わっていません。ただし、キャリア、役割といった、従来の定義には入っていなかった用語がみられます。次にこれらについてみていきましょう。

第2節　キャリア教育の理論

　キャリア教育の第1人者であるスーパー（Super, D. E.）は、1950年代に進路指導の前身にあたる職業指導の定義をつぎのように述べています（スーパー, 1957）。

> 「職業指導とは、個人が自分自身と働く世界における自分の**役割**について統合されたかつ妥当な映像（自己概念）を発展させ受容すること、この概念を現実に照らして吟味すること及び自分自身にとっても満足であり、社会にとっても利益であるように自己概念を現実に転ずることを援助する過程である。」

　まさしく、自己概念の実現（＝自己実現）を援助する過程が職業指導であると述べられているわけですが、注目すべきは、この時点で自己概念と「働く世界における自分の役割」とを結びつけていることです。
　そのスーパー(1980)はキャリアを「個人によって、一生涯の間に演じられる、さまざまな一連の役割と、その組み合わせ」として定義しました。そして、**ライフキャリアレインボー**と呼ばれる図（図15-2）によって、一個人の生涯をいわば限られた資源と見立て、そのなかにさまざまな役割をどう配分するかが、キャリアの問題の核心であることを示しました。たとえば、成人の場合には、

通常、職業人としての役割のほかに、家庭人、市民（地域社会に貢献する人）、余暇人（趣味に生きる人）といった役割（life role）を同時に引き受けることになります。1人の人間が同時に複数の役割を果たすということは、役割どうしのあいだで、時間とエネルギーの奪いあい、すなわち「仕事と家庭の両立問題」「ワーク・ライフバランス問題」などに代表されるような**役割葛藤**が生じます。また、役割は、常に他者からの役割期待とセットであり、自分が期待にうまく応えられているかどうかという自己評価が、自分はその役割にむいているかどうかという意識に影響を与えます。自分らしく生きるには、役割の問題を避けて通れないのです。

　実際に役割を引き受ける前に、どの役割を引き受けるかについて、ある程度の期間をかけた準備が行われています。スーパーはキャリア発達の発達段階理論を整理しました。誕生から15歳ぐらいまでは進路に対する考えを深める**「成長段階」**、そこから20歳台前半ぐらいまでは、具体的な自分の進路を探す**「探索段階」**とされます。

　スーパーの共同研究者であるクライツ（Crites, J. O.）は、選ぶという行為を志望（aspiration）、**選好**（preference）、選択（choice）の3つに区分しています（クライツ, 1969）。最後の選択（choice）は、最終的に1つの職業に決めること、最初の志望（aspiration）とは、踏み込んだ意訳をすれば「夢」、すなわち、何の制限もないとしたら「なりたい」職業、両者にはさまれた選好（preference）とは自己概念に照らして「やってみたい」職業です。15歳くらいまでの成長段階までは、夢をふくらませていればそれでよいのですが、青年期の後半、ここでいう探索段階に入ると、社会と自分自身の現実をふまえ、自己概念を職業で表したらどうなるかを考えること、個人の好む職業を一貫したものにすることがキャリア発達上の課題となります。有名なホランド（Holland, J. L.）の職業興味検査 VPI は、原語では Vocational Preference Inventory であり、ここにもpreference という言葉が登場しています。

第3節 　教育活動のなかのキャリア教育の位置づけ

　現在のわが国の学校教育ではキャリア教育はどのように位置づけられているでしょうか。まず、職業教育とキャリア教育の違いを説明します。職業教育とは特定の職業に従事するために必要な知識・技能・能力・態度などを育成する教育のことで、視点は雇用側にあり、その職業に要求される水準まで引き上げることを目指します。それに対して、キャリア教育は個人のキャリア発達を促す教育であり、視点は個人の側にあります。両者は概念的には明確に区別されます。

　さて、個人のキャリア発達を促すといっても、いったいどのようなことをすればよいのでしょうか。国立政策研究所生徒指導進路指導センター（2002）によって、通称「4領域・8能力」が発表され、学校段階別、学年段階別にどのようなことを目指すべきかについて、日常生活レベルできわめて細かく例示がなされ、学校現場に大きな影響がもたらされました。

　とはいえ、この「4領域・8能力」には弊害もありました（藤田, 2019）。あくまで「例」であると強調されてはいましたが、実際には多くの学校がこの内容をそのまま引き写したために、結果的にキャリア教育の全国的な画一化をもたらしました。また、一部、能力の名称からは目指す内容が想像しにくいものが

表 11-1　基礎的・汎用的能力

【人間関係形成・社会形成能力】多様な他者の考えや立場を理解し、相手の意見を聴いて自分の考えを正確に伝えることができるとともに、自分の置かれている状況を受け止め、役割を果たしつつ他者と協力・協働して社会に参画し、今後の社会を積極的に形成することができる力
【自己理解・自己管理能力】自分が「できること」「意義を感じること」「したいこと」について、社会との相互関係を保ちつつ、今後の自分自身の可能性を含めた肯定的な理解に基づき主体的に行動すると同時に、自らの思考や感情を律し、かつ、今後の成長のために進んで学ぼうとする力
【課題対応能力】仕事をする上での様々な課題を発見・分析し、適切な計画を立ててその課題を処理し、解決することができる力
【キャリアプランニング能力】「働くこと」の意義を理解し、自らが果たすべき様々な立場や役割との関連を踏まえて「働くこと」を位置付け、多様な生き方に関する様々な情報を適切に取捨選択・活用しながら、自ら主体的に判断してキャリアを形成していく力

あったことや、大学生以上を対象としていなかったなどの点も問題であるとされ、**基礎的・汎用的能力**（国立政策研究所生徒指導進路指導センター，2011）にリニューアルされました（表 11-1）。

　その後、2017（平成 29）年告示の小学校指導要領では、総則において、キャリア教育の充実を図ることが明記されました。キャリア教育の歴史上、画期的なことといえます。原文ではつぎのようになっています（傍線筆者）。

第 1 章総則　第 4　児童の発達の支援

1　児童の発達を支える指導の充実

(1)　学習や生活の基盤として、教師と児童との信頼関係及び児童相互のよりよい**人間関係**を育てるため、日頃から学級経営の充実を図ること。また、主に集団の場面で必要な指導や援助を行うガイダンスと、個々の児童の多様な実態を踏まえ、一人一人が抱える課題に個別に対応した指導を行う**カウンセリング**の双方により、児童の発達を支援すること。

　（中略）

(2)　児童が、自己の存在感を実感しながら、よりよい人間関係を形成し、有意義で充実した学校生活を送る中で、現在及び将来における自己実現を図っていくことができるよう、児童理解を深め、学習指導と関連付けながら、生徒指導の充実を図ること。

(3)　児童が、学ぶことと自己の将来とのつながりを見通しながら、社会的・職業的自立に向けて必要な基盤となる資質・能力を身に付けていくことができるよう、**特別活動を要としつつ各教科等の特質に応じて**、キャリア教育の充実を図ること。

　このように、キャリア教育は「特別活動を要としつつ」行うこととされ、学習指導要領第 6 章「特別活動」においても、キャリア教育に関係する内容について詳しく言及されています。さらに、特別活動以外の各教科でもキャリア教育の充実を図るように要請されています。

　ここで掲載した学習指導要領総則に関しては一点だけ、ガイダンスとカウン

セリングの位置づけに関して、注意をしておきたいと思います。ここだけを読むと「ガイダンス＝集団指導」「カウンセリング＝個別指導」であるかのようにも読みとれますが、そうではありません。進路指導はガイダンスに含まれますが、過去に『中学校・高等学校進路指導の手引　個別指導編』（文部省，1980）といった資料も作成されています。小谷（1993）によれば、ガイダンス運動の最初期の段階ではカウンセリングはガイダンスの一手法と位置づけられていましたが、ガイダンスがカウンセリング心理学と融合して体系化されていくなかで、強いて区別すればカウンセリングは、心理療法と関連した、より特殊化された領域として考えられるようになったとされています。それゆえ、カウンセリングと個別指導が不可分の関係にあることはまちがいないのですが、ガイダンスに個別指導の要素がないと考えるのは誤りで、むしろガイダンスにおいても依然として個別指導は不可欠であると考えるのが妥当です。

第4節　キャリア教育・進路指導の活動内容と学内組織体制

　学校におけるキャリア教育・進路指導の担い手は①学級担任、②**進路指導主事**（主幹教諭）、③校長、の大きく分けて3種類に分類されます。たまに、進路指導は進路指導主事に丸投げすればよいと思っている人に出会いますが、これも大きな誤解です。

　横山（2019）によれば、進路指導には①個人理解、②進路情報の収集・活用、③啓発的体験（**職場体験学習**など）、④進路相談、⑤進路先の選択と決定、⑥追指導、といった6つの指導・援助の活動の領域があります。このようにみていくと、やはり生徒一人ひとりの情報をもっとも身近に知りうる立場にいる学級担任こそが、進路指導の担い手の主役といえます。とくに①個人理解や④進路相談、といった個別指導の領域での学級担任のはたらきが期待されます。さらに学級担任には、ホームルームなど特別活動や教科指導での機会をとらえた指導も期待されています。

　では、進路指導主事の仕事とは何でしょうか。学校教育法施行規則第71条

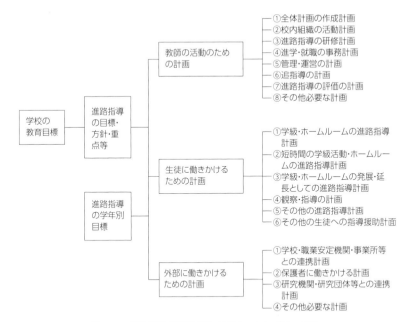

図 11-1　進路指導の計画の例（文部省，1983；横山，2019）

により、進路指導主事の業務は、「校長の監督を受け、生徒の職業選択の指導その他の進路の指導に関する事項をつかさどり、当該事項について連絡調整及び指導、助言に当たる」と定められています。

　文部省（1983）によって示された進路指導の計画の例では「教師の活動のための計画」「生徒に働きかけるための計画」「外部に働きかけるための計画」などと分類されています（図11-1）。進路指導主事の業務は研修会の企画などを通して校長や一般教員の意識を高めること、進路情報の収集や活用につとめること、進路指導に関わる行事の中心メンバーとなって学校の内外の関係者との連絡・調整にあたることなどといえます。

第5節 : 外部機関や家庭との連携

　外部の関係機関とは、具体的には、異なる学校種の学校、就職先の候補となりえる企業、ハローワークや各県にあるジョブカフェなど、キャリア教育や就職・進学をサポートするさまざまな機関、そして、職場体験学習の訪問先などが該当します。キャリア教育は学校のなかだけで完結する活動ではありません。児童生徒たちだけでなく、教職員もまた、キャリア教育が地域社会に対してもつ意義を理解し、外部の関係機関と連携することが大切です。

　職場体験学習だけがキャリア教育ではありませんが、重要な活動であることはまちがいありません。キャリア教育に携わる教員は、職場体験の訪問先の企業は、営業活動の貴重な時間を割いて協力していただいているということに思いをはせ、職場体験学習を有意義なものとするように努めることが重要です。

　職場体験学習の訪問先の決定には、苦労している学校も多いようです。なかには、PTAを通じて地域内の企業などと連絡をつけることも多いようです。その意味で、保護者・各家庭との協力は重要です。保護者や身近な大人は、児童生徒にとって重要なロールモデルでもあります。キャリア教育に携わる者は、保護者とキャリア教育の意義を共有することの大切さを忘れないようにしましょう。

（吉中　淳）

　　　　　　　〈引用・参考文献〉
中央教育審議会　2011　今後のキャリア教育・職業教育の在り方について（答申）
Crites, J.O. 1969　Vocational Psychology, New York: McGraw-Hill
藤田晃之　2019　キャリア教育　フォービギナーズ　実業之日本社
国立政策研究所生徒指導・進路指導センター　2002　職業観・勤労観を育む学習プログラム
　　の枠組み（例）
　　http://www.mext.go.jp/b_menu/shingi/chousa/shotou/023/tyoushin/04012801/002/007.
　　pdf
国立政策研究所生徒指導・進路指導センター　2011　キャリア発達に関わる諸能力の育成に

関する調査報告書

http://www.nier.go.jp/shido/centerhp/22career_shiryou/22career_shiryou.htm

小谷英文　1993　ガイダンスとカウンセリングの歴史と現代的課題　小谷英文（編）　ガイ
　　ダンスとカウンセリング　──指導から自己実現への共同作業へ──　北樹出版

文部科学省　2017　小学校学習指導要領（平成 29 年告示）

文部省　1980　中学校・高等学校　進路指導の手引　個別指導編

文部省　1983　進路指導の手引　高等学校ホームルーム担任編

スーパー, D.E.　日本職業指導学会（訳）　1960 職業生活の心理学──職業経歴と職業的発
　　達──　誠信書房

　　（Super, D.E. 1957 The psychology of careers, Harper & Brothers）

Super, D.E. 1980 A life-span, life-space approach to career development, *Journal of
　　Vocational Behavior*,16,282-298.

横山明子　2019　生徒指導・進路指導・キャリア教育の理論と性格　横山明子（編著）　生
　　徒指導・進路指導・キャリア教育論──主体的な生き方を育むための理論と実践──図
　　書文化

〈議論のポイント〉

　キャリア教育の視点を導入して、学校における教育活動を運営していくには、どのような
ことに気をつけたらよいでしょう。特別活動以外の教科も含めて、具体的に考えてみましょ
う。

〈読者のための読書案内〉

＊藤田晃之　『キャリア教育基礎論　──正しい理解と実践のために──』　実業之日本社、
　2014 年：文部科学省調査官の地位にあった著者が、1999 年以降のキャリア教育の草創
　期から、キャリア教育に関連するさまざまな議論について、関係者ならではの視点から述
　べています。

＊本郷一夫（編）『公認心理師の基礎と実践　発達心理学』遠見書房、2018 年：乳児期か
　ら老年期までの発達心理学についての総説です。青年期の発達の章では、キャリア教育と、
　青年期の発達課題とされるアイデンティティの達成との関係が詳しく述べられています。

＊小泉令三・友清由希子（編著）『キーワード　生徒指導・教育相談・キャリア教育』北大
　路書房、2019 年：生徒指導・教育相談・キャリア教育に関するさまざまなトピックスに
　ついて、それぞれ見開き 2 ページ・図表付で説明しています。各トピックスの内容を大雑
　把に把握するのにはよいでしょう。

12

教育課程と進路指導・キャリア教育

　これからの社会で生きていくための力をもった子供たちを育てたい、そのための進路指導・キャリア教育を行いたいと考えた時、いざ取り組もうとすると、どの時間に何をしていけばよいか迷ってしまうこともあるのではないでしょうか。『キャリア教育推進の手引き』などを読むと「日々の教育活動の中に位置づけながら取り組むこと」とされています。しかし社会科や道徳など、直接的に生き方や職業を扱っている教科での取り組みはイメージできるものの、それ以外の時間に何をどのように取り組めば広義の進路指導・キャリア教育につながっていくのかわからないこともあると思います。そこでこの章では、進路指導・キャリア教育をどのようにカリキュラムに取り入れていけばよいか、各学校で取り組む際に押さえるべきポイントについて述べていきます。

第1節　教科におけるキャリア教育の視点

　小学校・中学校におけるキャリア教育が目指す姿の1つとして「基礎的・汎用的能力」が示されています。この**基礎的・汎用的能力**として取り上げられている力を子供たちに身につけさせていくために、キャリア教育は日々の教科の授業のなかでも実践していくことが大切であるといわれますが、どのように実践していけばよいのでしょうか。『小学校キャリア教育の手引き（改訂版）』（文部科学省，2010）では、キャリア教育で育成すべき基礎的・汎用的能力として①人間関係形成・社会形成能力、②自己理解・自己管理能力、③課題解決能力、④キャリアプランニング能力の4つの能力を提示しています。

　これらの能力については、表12-1のような記述もされています。つまり、特定の活動を行えばキャリア教育になるということではなく、各学校や子供た

ちの実態に合わせて、子供たちに何を身につけさせることが必要なのかを考えた上でこれらの力を育てていくことが求められているのです。

表 12-1　「基礎的・汎用的能力」とは何か（文部科学省, 2010 p.13）

○これらの能力は、包括的な能力概念であり、必要な要素をできる限り分かりやすく提示するという観点でまとめたものである。この４つの能力は、それぞれが独立したものではなく、相互に関連・依存した関係にある。このため、特に順序があるものではなく、また、これらの能力をすべての者が同じ程度あるいは均一に身に付けることを求めるものではない。
○これらの能力をどのようなまとまりで、どの程度身に付けさせるのかは、学校や地域の特色、専攻分野の特性や子ども・若者の発達の段階によって異なると考えられる。各学校においては、この４つの能力を参考にしつつ、それぞれの課題を踏まえて具体の能力を設定し、工夫された教育を通じて達成することが望まれる。その際、初等中等教育の学校では、新しい学習指導要領を踏まえて育成されるべきである。（中央教育審議会「今後の学校におけるキャリア教育・職業教育の在り方について（答申）」（平成23年1月31日））

　教科においてキャリア教育の視点を取り入れる際は、まずこれらの基礎的・汎用的能力を具体的な子供の姿として描くところから始めていく必要があります。基礎的・汎用的能力は、表12-1にもある通り、包括的な能力概念として示されているため、実際に教育活動の場に取り入れようとした場合、そのままの言葉ではどの教科で何を実践したらよいかわかりづらくなってしまう可能性があります。つまり、子供たちに身につけさせたい力をどこまで具体的な子供たちの姿として描けるかによって、教科への取り入れ方が変わってくるのです。
　たとえば「自己理解・自己管理能力」が身についた子供は、学校でどのような行動をとることができるのでしょうか。活動を考えるために、まず子供たちがどのような場面で何ができるようになれば力がついているといえるのか、具体的に洗い出すところから始めていきます。目の前の子供たちが学級・学年・学校という社会のなかで活動する際、どのような場面でどのような行動をとることができれば目指す能力が身についたといえるのか、その答えは必ずしも一つではないでしょう。日頃教育活動を行う上で目標として掲げている子供たちの姿と、教科の学習を通じて身につけさせたい知識や技能を洗い出し、すりあわせながらともに学べる時間を見つけ取り組んでいく。そうした積み重ねが教科におけるキャリア教育の実践につながっていきます。

また、教科におけるキャリア教育というと、ともすると地域や社会とのつながりをテーマとして扱う社会科や、家庭での暮らしなどを扱う家庭科などが浮かびやすいかもしれません。取り組みやすい時間から実践するのは一歩踏み出す上では大切なことですが、直接的に社会とのつながりや暮らしに関わるテーマを扱っていなくても、自分とは異なる考え方にふれ、折りあいをつけて問題解決につなげていくような活動に取り組んだり、既習の知識を使って新しい課題に取り組んだりする場面があれば、理科や算数（数学）、体育や音楽などの時間でも十分キャリア教育に活用することができるのです。

　キャリア教育はつい「職業」について指導するための活動のように誤解されがちですが、とくに小中学校におけるキャリア教育では、特定の職業に関する知識や理解を深めることよりも、身近な「他者」や「社会」とつながり、将来みずからの人生を創っていくための土台となる力の育成に力を入れていくことが求められます。このように、基礎的・汎用的能力を具体的な子供の姿としてとらえ、その状態に至るようになるための刺激として今行っている教育活動を洗い出していくと、次に教科のねらいとキャリア教育のねらいが果たして同じ時間の教育活動において果たせるのかという問題が出てきます。

　教科の時間には、その科目を通じて子供たちに身につけさせたい教科のねらいがあります。キャリア教育を教科においても実践していくということは、それらをキャリア教育のねらいに代えて実践することを目指しているのではないのです。教科のなかでキャリア教育において育てたい力の育成にも関わりそうな内容を扱う際に、キャリアを意識して取り組んでいくことをイメージしています。また、教科のなかでキャリア教育に取り組むからといって、無理にすべての時間の内容を職業と結びつけたり、進路につなげたりするのではなく、各教科の物の見方を他の教育場面で応用する方法に気づかせる活動を入れるなど、基礎的・汎用的能力を身につけられるような工夫をすることが教科におけるキャリア教育実践の第一歩となります。

第2節　体験活動を通じた進路指導・キャリア教育

　では教科における実践の次は、教科外の時間に行われることが多い体験活動について考えてみます。**職場体験学習**は中学校を中心に、全国の90％を超える学校において実施されており、キャリア教育の中核的な位置づけを担っていることが多い取り組みです。実社会を児童生徒が直接体験することは、基礎的・汎用的能力を身につける上で有効であるのはたしかですが、約30年前から始まった複数日の職場体験学習は、その取り組み方においてまだまだ課題があることが浦上（2010）などにおいて指摘されています。

　ここでは指摘されている課題の１つとして、**事前・事後指導**の充実の問題を取り上げて考えてみましょう。職場体験学習をはじめとする体験活動を通じたキャリア教育は、何を目的に体験をするのか、そのために事業所の方々とどう連携するのかなど事前のすりあわせが十分に行われていないと、せっかくの学びの機会が十分生かされないまま「とりあえず」行ってきたというだけに終わってしまいます。

　また、小・中学校における職場体験学習は大学生のインターンシップとは異なり、自分の就きたい職業について詳しく学ぶというよりは、子供たちが社会とつながるきっかけを作っていくことをねらいとしています。そのため、将来の希望職業を見据えて体験をさせるというよりは、働く人たちとふれあうことで、子供たちの目には見えていない社会を見せていくとともに、受け入れ先の事業所の方と協働し、これまで子供たちの視界に入っていなかった働くおとなの想いにふれさせていくような機会として位置づけるとキャリア教育のなかに効果的に位置づけることができます。

　こうした形の体験活動を通じ、キャリア教育に取り組むには、ねらいを明確にして、協働する他者と同じ方向を見ることに加え、体験活動の事前・事後にどのような学びを位置づけていくのかを考えた上で体験活動に取り組む必要があります。つまり**カリキュラム・マネジメント**の視点が不可欠なのです。

　児童生徒によって体験先や体験内容が異なるため、一律に学ぶ内容や活動内

容を定めることはできませんが、どの体験先に行くにせよ、子供たちが働く場で何を見てくるのか、また新しい気づきをどのような活動からどのように獲得してくるのか、子供たちが焦点化できるような準備が事前に必要です。そして普段子供たちが見ている世界が限られた世界であることに気づかせるとともに、体験後には、体験先で学んだことを教科や日々の教育活動のなかで生かせるような場を作る、体験活動と事前・事後指導をリンクさせていくことで、体験がより子供たちの学びにつながっていきます。

　こうした事前・事後指導は、特別活動や総合的な学習の時間などを活用して取り組むこともできますが、前節で述べた日々の教科の時間におけるキャリア教育を活用することで実践することも可能です。たとえば、国語の時間において「話を聴く」という単元について学習し、それを生かして「働く人から仕事に対して感じている想いを聴いてくる」という活動につなげるという方法もあります。あるいは社会科の単元において産業について学習したことをさらに発展させ、職場体験先の事業所はどのような産業と関わっているのかを考える視点をもつことができれば、単にその職場を体験するだけでなく、一歩踏み込んだ視点でその事業所の活動を理解することにつなげられるでしょう。

　すべての児童生徒がそのようにつなげて考えることは難しいかもしれませんが、つながりを意識できるような言葉かけ、授業の進め方の工夫が指導のポイントになります。そして児童生徒が自分たちの気づきや学びを発表する場をもつことは、他者の気づきや学びを共有する場にもなります。さらにふり返りを通じて、その学びを日々の生活にどう生かしていくのかについてまで考えさせることで、児童生徒の次の行動を動機づけ、日々の**学習に対する意欲の向上**にも役立てていくことができるのです。

🌱 第3節 ふり返りの時間としての特別活動

　各教科や体験を通じたキャリア教育の視点を取り入れた実践を行ったら、それで十分でしょうか。それだけではまだ十分とはいえません。日々の教科のな

かでキャリア教育につながる実践に取り組んだとしても、それらの活動が自分のキャリア形成につながっているのだと子供たちが気づかなければ、日々の生活に学びを十分生かしきれたとはいえません。そこで必要になってくるのが、**教科横断的な学び**を意味づけ、可視化し、つないでいく時間です。

　小学校学習指導要領では、総則第4児童の発達の支援1（3）として以下のように示されています（文部科学省, 2018）。

---

(3)　児童が、学ぶことと自己の将来とのつながりを見通しながら、社会的・職業的自立に向けて必要な基盤となる資質・能力を身に付けていくことができるよう、特別活動を要としつつ各教科等の特質に応じて、キャリア教育の充実を図ること。

　キャリア教育は教科と異なり、その実践のための時間が用意されていません。しかし各教科で取り組んできた内容を、特別活動の時間を活用しながらつなぎ意味づけていくことで、教育活動の領域を超えて活動を意味づけていくことができるのです。そしてそのためのツールとして2020年4月から導入されたのが**キャリア・パスポート**です。キャリア・パスポートとは、児童生徒が、小学校から高等学校までのキャリア教育に関わる諸活動について、特別活動の学級活動およびホームルーム活動を中心として、各教科等と往還し、みずからの学習状況やキャリア形成を見通したりふり返ったりしながら、自身の変容や成長を自己評価できるよう工夫されたポートフォリオです。

　特別活動の時間を、学期に1時間程度キャリア教育の時間にあてていくとともに、上で述べたキャリア・パスポートを活用して児童生徒に学びをふり返らせ、各教科や体験的な活動、行事などのなかで得た気づき、その時自分が感じていた気持ちなどをふり返りながら、自身の変容や成長を可視化していくことが求められます。

　また、中学校においては進路指導との接続も意識することが必要です。中学

校では高校選択という直近の選択に向けた進路指導に従来から積極的に取り組んでいる学校も多く、それらの活動をそのままキャリア教育に位置づけることも少なくありません。しかし進路指導とキャリア教育は目指す方向は同じ活動ですが、完全に同じものとして代替するのではなく、進路指導とキャリア教育を生徒のキャリア形成を促すための両輪のような関係にあると考えて取り組んでいくことが必要です。日々の活動におけるキャリア教育を通して子供たちに自分のもつ価値観に気づかせたり、基礎的・汎用的能力を育てたりしていく一方、具体的な進路選択の場面で身につけた力を発揮しつつ、自分が社会とどのようにつながっていきたいのかを考えて進路を選択できるよう指導することで、キャリア教育も進路指導もより充実したものになります。小学校段階から積み上げてきた力を生かしつつ、長期的な視点に立ったキャリア教育を行いながら、具体的な進路選択に結びつけていくことが必要でしょう。

第4節 他校種や地域との連携の進め方とその留意点

　では、各学校で取り組んだキャリア教育を異なる校種の学校の取り組みにどのようにつなげていけばよいでしょうか。校種間の連携は、キャリア教育推進の手引きなどにも明示されており、実践に取り組んでいる学校の多くが直面する課題です。

　連携を進めるためには、まず学区の小学校・中学校がどのようなキャリア教育に取り組んでいるのか知るところから始めることが必要です。知るための方法としては、先生同士、子供同士での交流をもつことが大切です。すでに6年生と中学生が交流する行事が行われている学校であれば、そうした機会をうまくキャリア教育に関連づけて取り組むという形でもよいかもしれません。単にどのような活動を行ったのかということを把握するだけでなく、そうした活動を通して子供たちにどのような力が身についているのかという部分にも目を向けると、中学校入学後に取り組むべきキャリア教育のポイントが焦点化されるでしょう。また小学校としても、中学校における取り組みや、中学生の活動の

様子を知ることで、目指す姿がより明確にイメージされ、子供たちがどのような場面でどのような活動ができるようになればよいのか具体的なビジョンを描くことで、そこに向けて小学校段階でできる活動を見つけやすくなるというメリットもあります。

　このように連携する場を作るだけでなく、そこでの学びをつないでいくためには、キャリア・パスポートの活用も有効です。身についた能力やその時々の気づきや学びを共有することもでき、子供たち自身にもその連続性を意識させることが可能になります。また隣接する校種にとどまらず、大学生になった卒業生を招いてキャリア教育を行うなど、少し先の年齢の学生との交流を図ることで子供たちのキャリア発達を促している中学校もあります。このように、卒業生とつながりながら、さらに地域や他校種ともつながっていくようなキャリア教育を実践できるようになると、自分たちが暮らす地域を作る当事者としての意識が子供たちのなかに育ち、学校だけがすべてを担わずとも子供たちのキャリア発達を促すことができます。

　こうした地域とのつながりを作るためには、保護者と学校が連携して講座や勉強会を企画したり、専門家の力を借りたりすることも有効です。保護者と学校との連携はすでに多くの小中学校において行われていますが、自分たちの地域やそこで育つ子供たちのためにおとなが行動を起こす姿を見せること自体、子供たちにとってのキャリア教育になるはずです。何か特定の職業や体験をすることだけがキャリア教育になるのではなく、身近な地域や社会を自分たちの小さな一歩から作っていくのだという当事者意識を育てていくこと、またそのためにおとなであっても教師であっても失敗したり悩んだりしながら行動を起こし続けていくのだという姿勢を子供たちにも見せられれば、生きたキャリア教育の実践となっていきます。

　また、学校や保護者だけでなく地域も巻き込んだ取り組みを進めるには、教師だけの力ですべての調整やコーディネートを行うのは現実的ではありません。行政とも協力をしながら、**キャリア教育コーディネーター**などの専門家を活用し、その方たちと連携してキャリア教育を行っていくことも必要でしょう。全

国各地域において、行政やNPO法人が主体となり地域資源を生かしながら子供たちが社会とつながり、社会のなかで生きていくための力を身につけられるようなキャリア教育が行われています。こうした活動は、学校における教育活動と直接関わってはいませんが、地域における子供たちの活動を通して、子供たちが日々の学校における学びの大切さに気づいたり、学習意欲を高めたりするきっかけになることもあります。地域での活動を参考にしつつ、地域と学校がお互い補いあって子供たちのキャリア発達を促していくしくみを作るとともに、そうした専門家がいるという情報を共有できるようなネットワークづくりを学校や行政で進められると連携が進みやすくなるでしょう。

　また、地域と学校が連携してキャリア教育に取り組む先進的な例として、秋田県大館市の「ふるさとキャリア教育事業」があります。大館市の取り組みは『学び合う授業と「ふるさとキャリア教育」で子ども・教員・地域が響き合う』（ベネッセ総合教育研究所, 2019）でも紹介されているように、教育委員会が中心となって、街ぐるみでキャリア教育を推進している事例です。この実践では、学校ごとに特色のある活動を行いつつ、地域全体で同じ方向を向いてキャリア教育を推進し、その大きな目標にむけて日々の教科の取り組み方も工夫しています。これはこれまでに各学校が取り組んできた行事や取り組みを生かしたキャリア教育を考える際のヒントとなるでしょう。

　このように、授業でこのテーマを扱えばキャリア教育になる、あるいは特定の活動を行うこと＝キャリア教育である、と決まったものがあるわけではなく、それぞれの学校ごとに取り組み方を変えていくことができるのがキャリア教育であり、またそこに実践の難しさがあります。特別な行事を組んだり特別な企画を考えたりせず、目の前の児童生徒たちに必要な学びや教育活動に、教科や教育活動のなかで一歩ずつ取り組んでいき、その活動が目指すものを児童生徒と共有し、活動の結果に伴う変容を教師も児童生徒も自覚しながら次の行動へと自身を動機づけていくその積み重ねがキャリア教育ではないかと思います。

（高綱　睦美）

〈引用・参考文献〉

ベネッセ総合教育研究所　2019　学び合う授業と「ふるさとキャリア教育」で子ども・教員・地域が響き合う VIEW21 教育委員会版 2019 年度 vol.2　pp.8-13

文部科学省　2018　小学校学習指導要領（平成 29 年告示）　東洋館出版社　pp.23-24

文部科学省　2011　小学校キャリア教育の手引き（改訂版）　教育出版　p.13

浦上 昌則　2010　キャリア教育へのセカンド・オピニオン 北大路書房　pp.74-79

〈議論のポイント〉

　教科においてどのような活動を行えばキャリア教育につなげることができると思いますか？　自分の専門教科と結びつけたキャリア教育を考えてみましょう。

〈読者のための読書案内〉

＊下村 英雄 『キャリア教育の心理学——大人は、子どもと若者に何を伝えたいのか』東海教育研究所、2009 年：基礎編、実践編、発展編に分けて初学者にもわかりやすくかつ網羅的にキャリア教育が学べる内容です。

＊国立教育政策研究所 生徒指導研究センター『キャリア教育のススメ——小学校・中学校・高等学校における系統的なキャリア教育の推進のために』東京書籍、2010 年：小・中・高におけるキャリア教育の取り組み方について、その概略を一冊にまとめたもの。

＊藤田 晃之 『キャリア教育　フォー ビギナーズ』実業之日本社、2019 年：キャリア教育の政策立案の経緯や当時の社会背景、また実践事例などが紹介された入門書。キャリア教育に対する疑問などにも答える形で書かれています。

職業教育と進路指導・キャリア教育

　みなさんは、職業教育と聞いて何をイメージしますか？　商業高校や工業高校などの専門高校を思い浮かべる人が多いのではないでしょうか。現在、中学校卒業後に専門高校に進学する生徒は３割程度しかいません。専門高校でどんな教育が提供されているか、なかなかイメージがつかめないのではないでしょうか？　職業教育について、ある人は、就職準備ととらえ、ある人は、職業に必要な資格取得準備ととらえているかもしれません。誰もが将来的には何らかの職に就いていることを考えると、どの学校も職業教育を提供しているといえるかもしれません。ここでは、職業教育の意味、導入の経緯、方法、キャリア教育とのかかわりなどについて述べ、学校教育における役割について考えていきます。

第1節　学校における職業教育の意味

（1）学校教育における職業教育の役割

　職業教育は、実践的な学びを中心としたものであり、抽象的な学びを中心とした普通教育と区別されてきました。17世紀に近代公教育が成立した頃、学校教育は、普通教育を中心としたカリキュラムを提供していました。

　20世紀に入り中等教育への進学者が増えると、多様な生徒のニーズに応えるため職業教育の必要性が指摘されました。この時期アメリカでは職業教育の役割をめぐる議論が生じていました。アメリカの哲学者**デューイ**（Dewey, J.）は、職業教育は、特定の職業分野への就職を準備する教育ではなく、仕事そのものがもつ教育的価値を重視し、若者が労働市場をより良いものにする力を高めることが目的であると主張しました（**民主的進歩主義**：Democratic Progressivism）。一方、スニッデン（Snedden, D.）は、できるかぎり早くに適職を見つけ、それ

に見合った教育（職業訓練）を受けることが効率的であると述べています（**社会効率主義**：Social Efficiency）。

　その後、アメリカにおいては、産業界の意向をふまえて、職業教育の職業訓練としての側面が重視された政策がとられていきました。1994 年の「**学校から仕事への移行機会法**（School-to-Work Opportunity Act）」の成立によって、職業教育が描象的な学習内容を具体的な場面にあてはめるという**文脈学習**（Contextual Learning）の概念が導入されると、デューイの主張した職業教育の役割が再び見直されることになりました。

　以上から、学校教育における職業教育の役割に関する 2 つの異なる考え方が導かれます。1 つは、大学進学者には普通教育、就職希望者には職業教育を通じて職業準備をさせるべきとする二元論的な考え方です。もう 1 つは、実践的な学びを中心とする職業教育を、抽象的な学びを中心とした普通教育に結びつけ、学びに具体的な文脈を与える役割をもつことで両者の統合を図ろうとする考え方です。

（2）職業教育とは何か

　それでは職業教育とはどのようものなのでしょうか？　その内容は、特定の職業に必要なスキルを育成するための教育と、あらゆる職業に共通の汎用的なスキルを育成するための教育の 2 つから構成されます。前者を狭義の職業教育、あるいは直接的な職業教育と表し、後者を広義の職業教育、あるいは間接的な職業教育と表します。

　日本国内での 2 つの議論を紹介します。熊沢（2006）は、職業教育総論と各論という言葉を用いています。総論では、大学進学希望者も含めてすべての生徒に必修とし、そのなかで、①仕事の社会的役割、②やりがい、③労働者の権利と保障の法規、④消費者教育および金融教育などの市民的意義の 4 点について学習する機会を与えるべきであると述べています。本田（2009）は、熊沢のいう職業教育各論にあたるものとして「柔軟な専門性（flexpeiality）」を説いています。「過度に狭い範囲に固定的に限定された」専門性ではなく、「特定の分

野の学習を端緒・入り口・足場として、隣接する分野や、より広い分野に応用・発展・展開してゆく可能性を組み込んだ教育課程（p.193）」の必要性を述べています。この２つの議論から、職業教育で扱う**汎用的**（generic）**スキル**と**専門的**（specific）**スキル**の２つの概念が示されます。

第２節 職業教育導入の経緯

（1）分岐型と単線型学校体系

　職業教育をどのように提供するのかについて取り上げます。ヨーロッパの多くの国では初等教育終了後の中等教育段階から、職業準備を目的とした学校（職業高校）か大学進学準備を目的とした学校（普通高校）かを選択させる**分岐型**の学校体系をとっています。一方北米では、１つの学校で普通教育と職業教育の両方を提供している**総合制高校**（Comprehensive High School）を中心とする**単線型**の学校体系をとっています。近年は、分岐型の学校体系から単線型へ移行しつつある国が多く、ヨーロッパにおいても、総合制高校のような中等教育機関が設置されています。しかし、学校体系が単線型であるといっても、総合制高校のなかに大学進学コースと就職コースというような分岐ができている場合もあり、コース選択がどれだけ柔軟であるかによって、実質的には分岐型に近い事例もあります。

（2）日本における職業教育導入の経緯

　1872（明治5）年に頒布された学制の基本概念の１つである実学主義は日本の学校教育における職業教育につながる構想であったといえます。実際には、1880年代から進められた殖産興業政策によって、**実業教育**を提供する学校が設置されていきました。これらは、商業学校・工業学校・農業学校などの**実業学校**であり、日本の産業の近代化を担う人材を育成することを目的とし、尋常小学校卒業以降における就職以外の進路選択として位置づけられていました。当時は分岐型学校体系をとっており、実業学校は、大学への進学準備を目的と

する旧制中学へ進学するコースとは明確に区分されていましたが、実業専門学校（高等商業学校など）として、高等教育に準ずる高度な教育内容を提供するものも設置されました。また、もう一方では、尋常小学校卒業者が労働に従事しながら通学することを目的とした**実業補習学校**も設置されていました。

　戦後の新しい学校体系では単線型の導入が図られ、あらたに成立した学校教育法によって、高等学校の目的が普通教育と職業教育の両方を提供すること（総合制）と規定されました。この総合制の１つの実現形態として、戦前の実業学校と中学校を合わせたような**多学科併置制**の総合制高校の設置が進められました。しかし、総合制高校は、一般的な形式とはならず、1950年代には普通科の高校と職業高校とに分離し、**単科制高等学校**のスタイルが確立しました。

（3）高校多様化政策：産業化を担う職業教育

　1960年には、産業の近代化を担う労働力育成を目的として、再び中等教育における職業教育の拡充が目指されました。しかし、企業は終身制、年功制を基本とし、特定の職種に必要なスキルよりも、一般的で汎用的な潜在能力を評価する雇用システムをとるようになりました。したがって、中学卒業後の進学先として、職業高校よりも普通高校を希望する者が増え、さらには大学進学希望者も増加しました。一方60年代は、**高校教育の大衆化**が進んだ時期でもありました。高校進学率は、1959年には55.4％であったものが、1960年には、82.1％にまで増えています。これにより、高校での学習内容についていけず、落ちこぼれや登校拒否、非行といった問題が顕在化し、1970年代後半以降の**高校多様化政策**の提起へとつながります。その後、1980年代から**総合選択制高校**、**単位制高校**などの新しい高校が設置され、1994年には、**総合学科**が設置されました。これらに共通するのは、職業教育を含む多様な科目を生徒の進路志望や興味・関心に合わせて弾力的に選択できるしくみをもっているということです。

（4）職業教育とキャリア教育：汎用的職業教育の導入

　このように、戦前の実業教育と戦後の職業教育は、国の産業政策や産業界の動向に大きく影響をうけてきました。1999年の中教審答申「初等中等教育と高等教育との接続の改善について」では、**キャリア教育**が取り上げられ、2008年の中教審特別部会では、次のように定義されました。

> キャリア教育：一人一人の社会的・職業的自立に向け、必要な基盤となる能力や
> 　　　　　　　態度を育てることを通して、キャリア発達を促す教育
> 職業教育　　：一定又は特定の職業に従事するために必要な知識、技能、能力や
> 　　　　　　　態度を育てる教育

　キャリア教育と職業教育の関係については、さまざまな議論があり、両者を区別する考え方もあります。しかし、この定義からは、キャリア教育は汎用的スキルの育成を目的とした広義の職業教育、職業教育は専門的スキルの育成を目的とした狭義の職業教育と読み取ることができます。このキャリア教育は、すべての学校段階で導入し推進することが求められています。

第3節　職業教育の方法

（1）義務教育における職業教育

　学校教育法21条には義務教育の目標の1つに「職業についての基礎的な知識と技能、勤労を重んずる態度及び個性に応じて将来の進路選択をする能力を養うこと」が掲げられています。これは、先にあげたキャリア教育の概念につながります。たとえば、特別活動におけるホームルーム活動には「一人ひとりのキャリア形成と自己実現」という項目があり、キャリア発達を促す内容が含まれています。また、学校行事における勤労奉仕・生産的活動には、職場体験活動などの勤労観・職業観に関わる啓発的な体験が含まれており、広義の職業教育が提供されています。

（2）専門高校における教育

　職業教育を、具体的にイメージしやすいのが、専門高校のカリキュラムであるかもしれません。専門高校は、「主として専門教育を施す」と定義されており、農業、商業、工業といった職業科目とそれ以外の専門科目（外国語、音楽、美術など）を中心とした学科をもつ高校のことをいいます（表13-1）。

表 13-1　高等学校の学科（文部科学省（2018）より作成）

普通科	
農業に関する学科	看護に関する学科
農業関係、園芸関係、畜産関係、食品科学関係、農業土木関係、農業機械関係、造園関係、林業関係、生活科学関係、農業経済関係、生物工業関係、その他	看護関係
工業に関する学科	情報に関する学科
機械関係、電子機械関係、自動車関係、造船関係、電気関係、情報技術関係、建築関係、設備工業関係、土木関係、地質工学関係、化学工業関係、材料技術関係、セラミック関係、色染化学関係、繊維関係、インテリア関係、デザイン関係、工業管理関係、印刷関係、薬業関係、航空関係、その他	情報システム設計管理関係、マルチメディア関係
商業に関する学科	福祉に関する学科
商業関係、流通関係、国際経済関係、会計関係、情報処理関係、その他	福祉関係
水産に関する学科	その他の学科
海洋漁業関係、水産食品関係、栽培漁業関係、水産工学関係、情報通信関係、その他	理数関係、外国語関係、音楽・美術関係、体育関係、その他
家庭科に関する学科	総合学科
家政関係、被服関係	

　実際には普通高校の60%程度はなんらかの専門科目を提供していますが、科目数が限定的なため、ここでは専門高校のことを取り上げます。専門高校では、高等学校の卒業に必要な履修単位数74単位のうち、最低でも38単位は普通科目を含む必履修科目を提供しなければなりません。言い換えると、開講科

目の半分以上が普通科目で構成されていることになります。

　2019 年の学校基本調査から算出すると、全高校生の 73.1% は普通高校に在籍し、専門学科に在籍するのは 21.5% にとどまっています。つまり、中等教育において職業教育を履修する生徒の割合は少なく、大多数の中学生は卒業後に普通高校への進学を選択する傾向にあるといえます。

（3）総合学科における職業教育

　先に述べた通り、総合学科は 1994 年に設置されました。1991 年に発表された第 14 期中央教育審議会答申「新しい時代に対応する教育の諸制度の改革について」では、「現在の普通科と職業学科に大別されている学科区分を見直し、普通科と職業学科とを総合するような新たな学科」の設置が提言され、新学科における教育内容の方針が決められました。ここで目指される教育内容は「あらゆる職業に共通の実際的な知識・技能」であり、狭い範囲に特化された職業教育ではなく、汎用的スキルの育成を意図しています。2019 年現在で、総合学科は全国に 387 校設置されており、全高校生の 5.4% が在籍しています。

　総合学科において特徴的なのは、「**産業社会と人間**」を必修科目としている点です。これには、多様な選択科目があるなかで、生徒の将来設計に応じてどの科目を履修すべきかを指導するという目的があります。文部科学省はこの科目の目標として、以下の 2 点を示しています（文部科学省，2018 p.23）。

　ア　自己の生き方を探求させるという観点から、自己啓発的な体験学習や討論などを通して、職業の選択決定に必要な能力・態度、将来の職業生活に必要な態度やコミュニケーション能力を養うとともに、自己の充実や生きがいを目指し、生涯にわたって学習に取り組む意欲や態度の育成を図ること。

　イ　現実の産業社会やその中での自己の在り方生き方について認識させ、豊かな社会を築くために積極的に寄与する意欲や態度の育成を図ることとすること。

　この科目は、職業について考え将来の自分の姿をイメージする機会を、すべての生徒に必修科目として提供するという点で、それまでの普通高校や専門高

校では実現することのできなかった学習内容を含んでいます。現在、総合学科における「産業社会と人間」は、普通高校でのキャリア教育の取り組みに活用されている事例もあります。

（4）職場を基盤とした教育

職場を基盤とした教育は、職業の現場で学びの機会を得ることで、職業教育の1つといえます。欧米では、**徒弟制度**（apprenticeship）があり、学校教育とは別の職業訓練制度として、特定の職種に必要な職能資格の取得を目指して行われてきました。近年では、徒弟制度を学校教育の一部としている地域や国があります。日本では、戦前に徒弟学校が設置されていましたが、現在では制度化された徒弟制度そのものが存在していません。

現在の日本における職場を基盤とした教育は、主に進路の探究、あるいは職業観・勤労観の育成を目的とした職場体験学習の役割を果たしています。たとえば、中学校では、2005年に複数の省庁と国や地方の経済団体が連携し「**キャリア・スタート・ウィーク**」が立ち上げられ、その一環として全国の中学校で5日間以上の職場体験学習を実施することが奨励されました。また、高等学校では**インターンシップ**として、職場での体験学習の推進が求められました。

国立教育政策研究所が2017年に発表した資料によると、中学校での職場体験の実施率は98.6％で、そのうち体験学習として実施する日数が5日以上の割合は12.0％でした。体験学習の教育課程上の位置づけは、特別活動、または総合的な学習の時間として実施していることが多く、原則として全生徒が参加しています。高等学校のインターンシップについては、実施率は84.8％ですが生徒の参加は任意であるところが多く、卒業までに1回でもインターンシップに参加した生徒の割合は34.9％でした。しかし、専門学科だけでみると参加した生徒の割合は69.2％でした。高等学校でのインターンシップは、課外で自由参加の行事として行われることが多く、全体の半数程度にのぼっています。教育課程に位置づけられている場合では、総合的な学習の時間として、また専門学科の場合は職業科目における現場実習として実施されています。

もう1つ、職場を基盤とした学びの機会として紹介したいのは、**実務代替**です。実務代替は、定時制および通信制の課程で開講することができます。高等学校学習指導要領（総則第2款の3（7））には、「現にその各教科・科目と密接な関係を有する職業（家事を含む）に従事している場合で、その職業における実務等が、その各教科・科目の一部を履修した場合と同様の成果があると認められる時は、その実務等をもってその各教科・科目の履修の一部に替えることができる（文部科学省 2018, p.15）」と記されています。

🌱 第4節 ： 国外における取り組み

　国外の事例をみると、職業教育（Vocational Education）の役割が就職準備ということから、キャリア教育や応用的な学びを表す言葉へと変わりつつあります。たとえば、アメリカでは、**CTE**（Career and Technical Education）を職業教育に代わる用語として用いています。また、カナダ・アルバータ州では、1997年にそれまで実業教育（Practical Arts）といわれていたものが、**キャリアとテクノロジー**（Career and Technology Studies: CTS）という名称に変わり、その学習分野も大きく広がりました。自動車整備、金属加工（溶接・板金など）から、美容、保健医療、法学など、高校卒業後すぐに就職するための準備教育だけではなく、大学やその他の中等後教育機関（専門学校など）での継続的な学びに接続する内容を含むようになりました。また、学校外での学びの機会を広げ、進路探究を目的としたもの（職場体験）から職能資格取得のための徒弟制度などが高校のカリキュラムのなかに位置づけられました。

　こうした経緯を経て、職業教育は、その学びの範囲を拡大し、普通教育や学校外での学びとのつながりを意図し、個別のニーズに応じて多様な役割をもつものへと進化しています。

（岡部　敦）

〈引用・参考文献〉

本田由紀　2009　教育の職業的意義——若者、学校、社会をつなぐ　筑摩書房

国立教育政策研究所生徒指導研究センター　2012　職場体験・インターンシップ実施状況等
　　経年変化に関する報告書［平成 16 年度～平成 22 年度］　https://www.nier.go.jp/shido/
　　centerhp/i-ship/i-ship-report/index.html

熊沢誠　2006　若者が働くとき——「使い捨てられ」も「燃えつき」もせず——　ミネル
　　ヴァ書房

文部科学省　2017　中学校学習指導要領（平成 29 年告示）総則編　https://www.mext.
　　go.jp/a_menu/shotou/new-cs/1387016.htm

文部科学省　2018　高等学校学習指導要領（平成 30 年告示）　https://www.mext.go.jp/a_
　　menu/shotou/new-cs/1384661.htm

佐々木享　1995　日本の教育課題第 8 巻普通教育と職業教育　東京法令出版

〈議論のポイント〉

　小学校から高校までの学びのなかで、何が普通教育、職業教育（汎用的・専門的）にあては
まるか、また、実践的な学び（職業教育）と知識の理解（普通教育）とのつながりを感じたこ
とはあるか考えてみましょう。さらに、理論と実践の統合を実現するような授業や学習活動
について考えてみましょう。

〈読者のための読書案内〉

＊濱口桂一郎『若者と労働　「入社」の仕組みから解きほぐす』中央公論新社、2013 年：若
　者がどのようなしくみで学校から仕事へと移行するのか、また、日本の労働市場にはどん
　な課題があるのか、わかりやすく書かれています。

＊乾彰夫『若者が働きはじめるとき　仕事、仲間、そして社会』日本図書センター、2012
　年：働くことの意味について、労働者がどんな権利をもっているのか、働きやすい職場を
　つくるにはどうすればよいのかなどについて書かれています。

＊ウイリス，P.　熊沢誠・山田潤（訳）『ハマータウンの野郎ども』筑摩書房、1996 年：原
　題は Learning to Labour です。イギリスの中等教育で、職業教育を学ぶ若者の学びに対
　する姿勢を描いた小説です。古典的名著です。

14

進路決定・キャリア形成の支援

　「子供が『おしっこ！』となった時、教師がトイレに行っても、意味があません。子供が自分で用を足すことが必要なのです。」

　キャリアの話をする時に、必ずするお話です。排泄だけでなく、食べること、寝ること、何かを好きになること、大切なものを見つけること、また経験する痛みに耐えることも、ほかの誰かに代わってもらうことはできません。このように自分の人生を味わうということは、自分にしかできないことです。

　進路決定・キャリア形成は、まさに、誰もが「自分で」行うものです。ただ、幼い頃に食事や排泄の大切さや方法を教わったように、キャリア形成の未熟な段階において、励まし、勇気づけてくれる「おとな」の存在は重要です。進路決定では、社会における自分の「役割」を表現しなければなりません。将来なりたいもの・やれそうなことが見つからない、周囲が認めてくれない、1つに決められない……」進路決定を前にさまざまな悩みが出てきます。自分を表現するためには、じっくり向きあってくれるおとなが必要です。教師は、どのような時代にもその役割を担うことが期待されます。

　本章では、進路指導とキャリア教育の柱の1つである、進路決定とキャリア支援について、学んでいきましょう。

第1節　進路決定・キャリア形成とは

（1）卒業後の進路決定とは

　進路決定とは、児童・生徒にとっては卒業後の進路を決めることです。小学校、中学校、高校卒業後の進路には以下のような選択肢を思い描く方が多いでしょう（図14-1）。進路決定はいつの時代も、未知の世界への第一歩であり、心

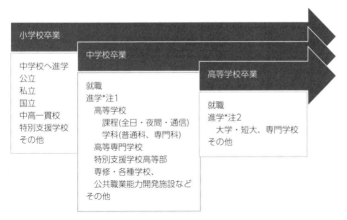

小学校卒業

中学校卒業

高等学校卒業

中学校へ進学
公立
私立
国立
中高一貫校
特別支援学校
その他

就職
進学*注1
　　高等学校
　　　課程(全日・夜間・通信)
　　　学科(普通科、専門科)
　　高等専門学校
　　特別支援学校高等部
　　専修・各種学校、
　　公共職業能力開発施設など
　　その他

就職
進学*注2
　　大学・短大、専門学校
　　その他

*注1：中卒後進路は、高校進学が98.8％である（学校基本調査2019年度版）。
*注2：高卒後進路の8割は、進学（大学、専門学校を含む）である（学校基本調査2019年度版）。

図14-1　卒業後の進路について（学校基本調査2020年度版を参考に富永が作成）

理的危機を伴うむずかしい課題です。「進路決定のための指導」は、子供たちが進路を現実的に検討しながら、自分なりに意思決定していくこと、そして新しい環境に勇気をもって進み、適応していくためにも大切な支援といえます。

（2）キャリア形成とは

　キャリア形成とは何でしょうか？　職業経歴だとすると、児童生徒と向きあう教員には一見関係ないように思われます。職業や就職に関する指導で出会うことが多い言葉ではないでしょうか。しかし、ここでのキャリアとは「個々人が生涯にわたって遂行する様々な立場や役割の連鎖」及び「その過程における自己と働くこととの関係付けや価値付けの累積」を指します（文部科学省，2004）。したがって、キャリア形成とは個々人が生涯にわたって自分の役割をプロデュースしていくことといえます。一生涯において、個々人は発達し、その立場や役割は変化し続けます。さらに社会、とくに働くことに関わる状況も大きく変化していきます。

　社会の変化が激しい時代であっても、主体的に自分の進む道を作り上げてい

くために、キャリア形成の力を育てる教育が必要だと考えられるようになりました。小中学校が、子供たちにとって、**社会的・職業的自立**の土台を作る時期として重要な役目を果たしていることは皆が知っています。児童生徒は、すでにさまざまな「役割」を果たしています。このようなキャリア形成の視点をもつことが、これからの教師には求められています。このキャリア形成の力を育むためには、「進路決定のための指導」に加えて、「キャリア発達を促す指導」が必要になります。

（3）進路決定とキャリア形成に必要な進路指導・キャリア教育

　平成 29 年 3 月告示の小学校及び中学校学習指導要領と平成 30 年 3 月告示の高等学校学習指導要領総則には、以下のように、あらためてキャリア教育の充実を図ることが明記されました（文部科学省, 2019, 下線筆者）。

　「生徒が、学ぶことと自己の将来とのつながりを見通しながら、**社会的・職業的自立**に向けて必要な基盤となる資質・能力を身につけていくことができるよう、特別活動を要としつつ各教科・科目等の特質に応じて、<u>キャリア教育の充実を図ること</u>。その中で、生徒が自己のあり方生き方を考え主体的に進路を選択することができるよう、学校の教育活動を通じ、組織的かつ計画的な<u>進路指導を行うこと</u>

　主体的な**進路決定・キャリア形成**の力を育むためには、さまざまなはたらきかけが必要です。そのため、小学校段階から組織的・体系的に支援することが求められているのです。

第2節 ｜ 進路決定・キャリア形成に必要な能力「基礎的・汎用的能力」

　進路決定・キャリア形成に必要な能力は、「**基礎的・汎用的能力**」です。**基礎的・汎用的能力**とは、「分野や職種にかかわらず、社会的・職業的自立に向

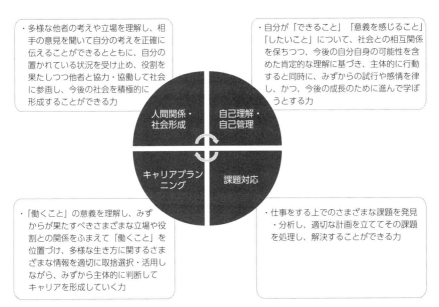

・多様な他者の考えや立場を理解し、相手の意見を聞いて自分の考えを正確に伝えることができるとともに、自分の置かれている状況を受け止め、役割を果たしつつ他者と協力・協働して社会に参画し、今後の社会を積極的に形成することができる力

・自分が「できること」「意義を感じること」「したいこと」について、社会との相互関係を保ちつつ、今後の自分自身の可能性を含めた肯定的な理解に基づき、主体的に行動すると同時に、みずからの試行や感情を律し、かつ、今後の成長のために進んで学ぼうとする力

人間関係・社会形成

自己理解・自己管理

キャリアプランニング

課題対応

・「働くこと」の意義を理解し、みずからが果たすべきさまざまな立場や役割との関係をふまえて「働くこと」を位置づけ、多様な生き方に関するさまざまな情報を適切に取捨選択・活用しながら、みずから主体的に判断してキャリアを形成していく力

・仕事をする上でのさまざまな課題を発見・分析し、適切な計画を立ててその課題を処理し、解決することができる力

図14-2　基礎的・汎用的能力（社会的・職業的に自立するために必要な能力（文部科学省）、中央教育審議会「今後の学校におけるキャリア教育・職業教育のあり方について（答申）」を参考に富永が作成）

けて必要な基盤となる能力」とされ、具体的内容については、**「人間関係形成・社会形成能力」「自己理解・自己管理能力」「課題対応能力」「キャリアプランニング能力」**の４つの能力に整理されています（図14-2）。

　小学校段階からスタートし、学校教育卒業後も、社会の一員としての役割を自覚し、みずから**キャリア発達**を促していく態度や能力を身につける必要があるのです。進路決定はその過程で行われるひとつひとつの具体的かつ現実的な選択であり、その積み重ねでキャリアが形成されます。

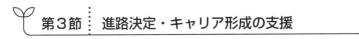 第3節　進路決定・キャリア形成の支援

（１）教育活動全体で取り組むキャリア教育

キャリア教育とは**職場体験**や職業に関することを学ぶことを想像しがちです。

しかし、ここまで述べてきた通り、社会的・職業的自立の土台となる力を育む教育は、特定の教科や領域で行うものではなく、全教育活動を通して行うものです。したがって、進路指導担当の教員や担任のみが行うのではなく、すべての教職員が、教科・科目のなかに**キャリア教育**の視点を取り入れた授業を展開することが期待されています。また、キャリア発達課題は、各教科、特別活動、道徳、「総合的な学習の時間」などが有機的につながってこそ、効果的に解決されていきます。学校生活こそが子供たちの社会であり、**キャリア形成**の現場といえます。

（2）個別対応・個別面談：進路相談・キャリアカウンセリング

　進路指導は**個別対応**も重要です。面談には定期面談、呼び出し面談、自発的な面談、親子面談などがあり、形式や目的は異なりますが、共通するのは、面談で行う**進路相談・キャリアカウンセリング**では「直そうとするな　わかろうとせよ。」ということです。まずは目の前にいる子供が何を思っているのかを理解するところからスタートしましょう。

　進路相談・キャリアカウンセリングなどの個別対応では、とくに子供との日常生活における信頼関係「**ラポール**」が基盤となります。面談後に「この先生に話して良かった」「話を聞いてもらって嬉しかった」「また相談に来たい」と次につながることが何よりも大切です。ただし、むずかしいケースの場合、教員が1人で抱え込むことはかえって事態を悪化させることがあります。教員として困った場合には、管理職や同僚、スクールカウンセラー等に相談し、**チーム学校**として連携することが子供のためになることもあります。

＜ケース検討＞

　以下のようなケースについて、あなたならどのように対応しますか。または面談を進めますか。ほかの人と意見を交換し共有しましょう（検討する学年を指定しましょう）。

ケース1　「進路希望票」（小学生では「クラブ希望票」）が書けない（全学年）

ケース2　突然、進路変更したいと言い出した（中3、高3）

ケース3　将来なりたいものがない・わからない（全学年）

〈議論のポイント〉（ケース1～3共通）

　白紙（突然の進路変更、将来なりたいものがない）が意味するところの確認（心配なことがある、能力や学力、体力などに自信がもてない、興味関心が定まらず1つに決められない、家族との意見の相違、家族との葛藤、言いたくない、考えていない、そのほかの不安や悩みや焦り、適切な情報の不足、思い込みなど）。対応としては、「とりあえず書いて（考えて）おいで」ではなく、何に困り感をもっているのか、どうすれば書くことができそうか（必要な支援の検討）、期限を延ばす必要があるか（期限延長が可能か）などの検討を行う。突然の進路変更に関しては、たとえば3年生の推薦などに関わる場合、学校内のルールや時間的な制約に注意しながらも、生徒がなぜそのように考えたのかをまずは丁寧に話してもらい、理解すること。

　面談は、教師が正しいと思うことを教えたり、諭したりするものではありません。家庭の経済的状況、価値観も大きく影響することですので、保護者の立場にも配慮しつつ、親子で話しあいができるよう促します。奨学金など経済的な支援情報が必要な場合もあります。児童・生徒が自分の力を信じて動き出す過程に伴走し、時にそっと背中を押すような支援が期待されます。

　キャリアカウンセリングの基本技法に関しては、次章や、本シリーズの『教育相談の理論と方法（2019)』をご参照ください。なお、章末の読書案内に紹介しましたDVD教材も授業内のディスカッションの参考になります。

（3）卒業後の適応を視野に入れる

　進路決定のみを重視しがちだった従来の進路指導では、卒業後の適応についてはあまり重視されませんでした。しかし、学校間の連携が進み、**卒業後の追指導**の必要性と有効性は認識されつつあります。また、各学校の教員が研修で交流することで、卒業生の適応について情報交換し、指導に生かすこともできます。

第4節 教師だからこそできる進路決定・キャリア形成の支援

（1）小 学 校

　小学校のキャリア教育で将来の職業を考えることは重要なポイントではありません。小学校の発達段階は、進路の探索・選択に関わる基盤形成の時期です。課題としては、「自己及び他者への積極的関心の形成」「身のまわりの仕事や環境への関心・意欲の向上」「夢や希望、憧れる自己イメージの獲得」「勤労を重んじ目標に向かって努力する態度の形成」があげられています。したがって、小学校では「進路決定の指導」と「キャリア発達を促す指導」のバランスとしては、後者が中心になるでしょう。何が重要なのかといえば、「自分」と「役割」です。日々の具体的な経験のなかで、子供たちに「自分」と「役割」に気づかせ、認め、励まし、伝えることができるのは教師です。

　たとえば、小学校入学直後の1年生を、6年生が毎朝校門で出迎え、教室まで案内し、その日の準備を一緒にする機会があります。1年生にとっては、新しい学校生活のルールを学んだり、上級生とあいさつするなど良い関係を築いたりすることは、自己管理能力、人間関係形成能力の基本的な体験となります。6年生にとっては、毎朝、1年生のために早く登校し、ルールを正しく教えるなどの工夫は、自己管理能力、課題対応能力を発揮することになります。また、世話するという「役割」を遂行できたという自信につなげることもできます。もちろん、このような取り組みで見られた児童の良さ、成長した姿を教師が認め、励まし、伝えることが大切です。連絡帳や学級通信などで共有することもできます。

　いっぽう、職業にまったくふれないのかといえばそうではありません。私たちの暮らしが数え切れないほどの「働く人」によって支えられている現実を学ぶこと、職に就くことが社会参画の重要な方途の1つであることなどに気づかせ、子供たちの成長をみんなで楽しみに思う気持ちや、今学校生活で取り組む努力がおとなになった時に役立つという気持ちを育てることは、この段階のキャリア教育にとって重要な課題です。

（2）中　学　校

　中学校におけるキャリア発達段階の特質は、現実的探索と暫定的選択の時期といわれます。中学生の課題としては、「肯定的自己理解と自己有用感の獲得」「興味・関心に基づく職業観の形成」「進路計画の立案と暫定的選択」「生き方や進路に関する現実的模索」があげられています。自分の生き方を模索し、夢や理想をもつ時期であると同時に、高等学校入学者選抜をはじめとする現実的な進路の選択を迫られ、自分の意思と責任で決定しなければならない時期でもあります。中学生の時期はキャリア教育実践にとってきわめて重要です。

　中学生の**職場体験**は、職場体験の日のみのイベントではありません。**職場体験**の鍵を握るのは、**事前指導と事後指導**です。生徒は、現実の職場で実際に働く人について調べたり、見学したり、働いているおとなと話したり、お客さんとふれあったり、そのことを親と話しあったりといったことを通じて、職業と自分について理解を深めます。具体的なおとなとのかかわりのなかから、抽象的な「職業」とか「将来」について、自分なりの理解を作り上げていく際に、生徒が学んだこと、経験したこと、自己の変化を自覚させる**事前・事後指導**こそが、**キャリア発達**を促す機会となります。たとえば、希望通りの体験先でなかったにもかかわらず、**職場体験**のなかで、「ありがとう」と言われて嬉しかったという感想をもった生徒に対して、その体験をさらに「まわりの人の役に立つことができる存在だ」、「希望通りでなくても取り組んだからこそ得られた体験だ」、「一生懸命働く姿が認められたのだね」などと意味づけ、言葉にすることで、生徒にとっての体験がより豊かな学びとなります。

　職場体験に限らず、中学生の部活動や勉強などさまざまな活動は、大会や試験にむけて計画を立て、日々それに向かって行動し、結果をふまえて、次の行動につなげる実践といえます。忙しい毎日のなかで、自分の健康を守りながら、自分の時間やエネルギーを何に費やすのか優先順位をつけることや、想定外の事態に対応すること、今学校生活で学んでいることがおとなになった時に自分のキャリアにつながっていくという意識を育てることは、この段階のキャリア教育にとって重要な課題です。

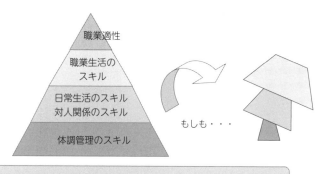

図14-3　仕事を長く続けるためのスキル

第5節　ま　と　め

　最後に、職業的自立や仕事を継続する上で必要なものを示したピラミッド（図14-3）をご覧ください。実は、仕事を継続するために、「体調管理・対人関係・日常生活のスキル」が基盤となっていることが示されています。これは、**基礎的・汎用的能力**ととらえることも可能です。児童生徒にとっては、健全な学校生活を送ることこそが彼らの大きな役割であり、それに日々向きあい、支えているのが教師です。

　教師が児童・生徒を支えるためには、彼らを理解することが必要です。彼らを理解し、彼らの進路決定、キャリア形成の支援をすることは、日常生活のなかで児童・生徒の存在を尊重し、良い関係を築くことによってはじめて可能になります。

（富永　美佐子）

〈引用・参考文献〉
木田有子　2014　若者のキャリア支援の実情とその対応　日本キャリア教育学会兼福島大学
　　未来支援センター研究会「被災地で考える若者のキャリア形成支援」にて話題提供資料

文部科学省　2004　キャリア教育堆進に関する総合的調査研究協力者会議報告書　https://
　　www.mext.go.jp/b.menu/shingi/chosa/shotou/023/toushin/04012801.htm
文部科学省　2018　小学校学習指導要領（平成 29 年告示）
文部科学省　2018　中学校学習指導要領（平成 29 年告示）
文部科学省　2019　高等学校学習指導要領総則（平成 30 年告示）

〈議論のポイント〉
　自分の小学校、中学校、高校時代をふり返り、学校教育のなかでどのような進路決定・
キャリア支援を受けてきたでしょうか。印象に残っている支援や、教職に就いた時、これか
らの児童生徒に必要な支援について、具体的に考えてみましょう。

〈読者のための読書案内〉
＊文部科学省　小学校キャリア教育の手引き＜改訂版＞　教育出版、2011 年、＊文部科学
　省　中学校キャリア教育の手引き　教育出版、 2011 年：キャリア教育について理解する
　ための必読書です。
＊渡辺三枝子（監修）『キャリアカウンセリング入門①高等学校編（DVD 教材）』 日本経
　済新聞出版社、2008 年：キャリアカウンセリングの代表的な事例をもとにカウンセリン
　グの注意点と対応のポイントを解説する映像コンテンツです。

キャリアカウンセリングの理論とツール

15

　　近年のキャリア理論は、仕事に対する興味や適性だけでなく余暇や家庭生活などの充実も重視します。すなわち仕事観だけでなく人生観も明らかにし、仕事観と人生観をすりあわせておくことが求められるのです。また仕事や社会に対する受動的な理解を進めるだけでなく、主体的に行動すること（自分や社会にとって理想の未来を作り上げる能力をつけること）も求められます。

　　学習指導要領では「**生きる力**」を育むことが求められていますが、キャリア教育・進路指導では「生きる方向性を決め」、「その方向性のなかで生きていく力」を育てることが求められます。自己理解と仕事・社会理解の支援、そして未来に向けた行動の支援、これらがキャリア教育・進路指導で求められることになります。そのためのキャリア理論であり、キャリア形成支援のためのツールです。

第1節　キャリアカウンセリング理論の歴史的変遷

(1) パーソンズ (Parsons, F. 1854-1908) などの初期のキャリア理論

　パーソンズは**職業指導運動**の創始者であり、カウンセリング創始者の１人として多くの書籍で取り上げられる人物です。木村（2018）はパーソンズの職業指導の方法として①自分自身、自己の適性、能力、興味、希望、資質、限界、その他の諸特性を明確に理解すること、②さまざまな職業や仕事に関して、その仕事に求められる資質、成功の条件、有利な点と不利な点、報酬、就職の機会、将来性などについての知識を得ること、③上記の２つの関係について、合理的な推論を行いマッチングすることの３ステップをあげ、これらの課題を達成する方法として①個人情報の記述、②自己分析、③選択と意思決定、④カウ

ンセラーによる分析、⑤職業についての概観と展望、⑥推論とアドバイス、⑦選択した職業への適合のための援助が必要であるとし、「この理論は（中略）**マッチング**の理論とも呼ばれる」としています。こうした考え方を「特性・因子理論」として体系化したのがウィリアムソン（Williamson, E.G.1900-1979）です。

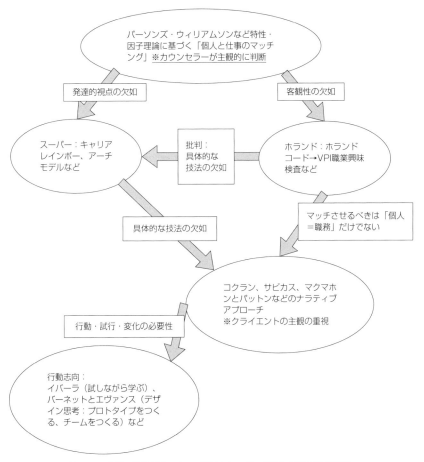

図15-1　特性・因子理論から21世紀のキャリア理論に至る歴史的背景

(2)スーパー (Super, D.E. 1910-1994)

　スーパーはそれまでのキャリア理論をまとめた人物で、國分 (2013) は
「スーパーは、1950年代、臨床心理学に対当 (原文ママ) できるカウンセリング
心理学を立ち上げた先駆者の1人である」とし、「キャリアガイダンスのうち、
とくにスーパーの理論は、その機能が豊かである。その理由は2つある。1つは、
人が育つとは何かを説明していること。すなわち、人は役割 (キャリア) を介
して成長する。その結果、次のキャリアへ移るし、レディネスもできる。ほか
は、伝統的なカウンセリング (フロイト、ロジャーズ) は personal な体験が人を
育てるというフレームを主としているのに対し、スーパーは、役割体験、すな
わち social な体験を重視したことである。役割は、社会・文化的所産であるか
ら、カウンセリングの学問的基盤を心理学にとどめないという提唱にもなって
いる」としています。また菊池 (2013) はスーパーがそれまでの職業的発達理
論を大きく転換させ、「『職業』から『キャリア』へ、さらに『ライフ・キャリ
ア』への展開があった」としています。

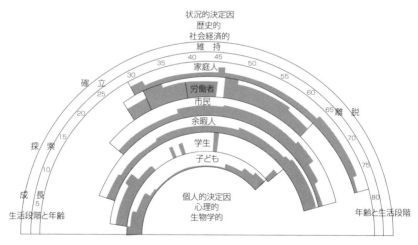

図15-2　スーパーのライフキャリア・レインボー

(3)ホランド (Holland, J.L. 1919-2008)

　ホランドはスーパーの発達理論を「説明の方法が一般的・包括的であるため、実際の指導には十分な効力が発揮できない」と批判した（坂柳, 1990）とされます。

　ホランドの職業選択理論では、①大多数の人は、現実的、研究的、芸術的、社会的、企業的、慣習的の6つのパーソナリティ・タイプのうちの1つに分類される、②環境も現実的、研究的、芸術的、社会的、企業的、慣習的の6つのモデルがある（※一部筆者改変）、③人は、自分のもっている技能や能力が生かされ、価値観や態度を表現でき、自分の納得できる役割や課題を引き受けさせてくれるような環境を求める、④人の行動は、パーソナリティと環境との相互作用によって決定されるとしています（ホランド, 2013）。ですから、クライエントのパーソナリティを検査で判別し、そのパーソナリティに合った職務につけばいい、とするわかりやすい理論です。日本でも労働政策研究・研修機構が作成した**VPI職業興味検査**や**職業レディネス・テスト**（VRT）などにホランドの業績が生かされています。

(4)コクラン (Cochran, L.)

　キャリア分野に**ナラティブ・アプローチ**を導入した先駆者として、コクランがあげられます。「コクランは、スーパーの理論は有用であるが、カウンセラーとクライエントが職業的使命やその重要性を理解できるよう支援するには至っていないと論じている。ある人間の職業的使命、すなわち"人生における天職がもつ高尚な意義"をどうやって理解するかについて論じるために、彼は生活史法を自叙伝的資料に応用した」（ジェプセン, 2013）とされています。ホランドがパーソナリティと職務のマッチングを狙ったのに対して、コクランは個人にとっての仕事の意義や意味を理解しようとしたのです。

　コクラン以降の理論・技法の良い点は「類型化せず、個々人のユニークさに寄り添う」「質問が具体的である」点です。コクラン（宮城・松野訳, 2016）では①ライフライン（人生を上下行する曲線で描写）を描かせ、②ライフチャプター（自

叙伝の各時期）に章名をつけさせ、③成功体験をリスト化し、④家族の布置（家族の特徴、違い）を確認し、⑤ロールモデル（尊敬する人と自分の相同・相違）を確認し、⑥早期記憶などを質問する技法（**質的キャリアアセスメント**）を用いて、クライエントに人生の物語を語ってもらっています。

コクラン（宮城・松野訳, 2016）の序文は、後で紹介するサビカスが書いており「これまでのキャリアガイダンスで欠けていたことは、クライエント自身の内面（主観、語りの物語）に焦点を当てたカウンセリングであった」としています。ホランドがカウンセラーの主観を排して客観的なマッチングを試みたのに対して、コクランはクライエントの主観（語り）を引き出すことを試みたのです。

(5)サビカス（Savickas, M.L. 1947-）

スーパーの弟子であるサビカスは、本人曰くスーパーやアドラーの影響を受け（サビカス, 2015）、**キャリア構築理論**（キャリアストーリー・インタビュー）と呼ばれる理論・技法を構築しました。具体的には、過去や現在の「仕事観・人生観につながる経験」に焦点を当て、①尊敬する人（ロールモデル）、②よく見た雑誌やテレビ番組、③好きなストーリー（本や映画）、④モットー、⑤初期記憶などの質問技法（質的キャリアアセスメント）を用いてその人の仕事観・人生観を紡ぎ出して整理して「未来をどうするか」をクライエントと相談して決めます。質問を見てわかるとおりコクランと類似していますが、質問を具体的に5つに限定して簡略化しています。

(6)マクマホンとパットン（McMahon, M. & Patton, W.）

新目（2015）はマクマホンとパットン（McMahon, M. & Patton, W., 2006）のシステム理論の考え方（System Theory Framework）を紹介しています。これは①学校を卒業する頃をふり返る。どこに住んだか、どんな人物か、どんな生活か。その頃、人生に大きな影響を与えたことを思い描く、②紙と鉛筆を用意する。紙の真んなかに丸を描きそのなかに「私」と書き、今ふり返った自分の特徴、

たとえば性格、特筆すべき能力やスキルを書く、③その頃の自分の人生に大きな影響を与えた人や考えはどのようなものか、思い描いたものを「私」の丸と交わる丸を描き、そのなかに書き入れる、④それまでに描いた丸を囲む、もっと大きな丸を描く。所属していた社会やその社会や環境における重要な側面はどのようなものかをふり返る。その頃田舎に住んでいたか、社会的、経済的に恵まれていたか、政府の規制から影響を受けていたかなどを、丸のなかに書き込む、⑤さらに外側に別の丸を描く。その頃の過去や現在を考える。特定のライフスタイルに魅かれていたり、目標とする人がいたり、その後の選択に影響を与えるような怪我や病気といった出来事があったかなどを考え、丸のなかに記入する、という順序で紙に書かせていくものです。コクランやサビカスに比べ、「環境からの影響」「環境との相互作用」を強く意識させるものになっています。

(7)バーネットとエヴァンス (Burnett, B. & Evans, D.) など 新しい傾向

　バーネットとエヴァンス（千葉訳, 2017）は、健康・仕事・遊び・愛の4つの観点から人生を設計すべきとします。人生設計においては①興味をもつ（好奇心）、②やってみる（行動主義）、③問題を別の視点でとらえなおす（視点の転換）、④人生はプロセスだと理解する（認識）、⑤助けを借りる（過激なコラボレーション）というマインドセット（考え方）が重要だといいます。キャリア選択にあたっては①仕事観と人生観を書き出し、一致させ、②マインドマップを描いてあらたなキャリアへの気づきを得、③複数の冒険プランを立て、④ライフデザイン・インタビュー（自分がやってみたい人生を送っている人へのインタビュー）や実体験（職場体験や弟子入りなど）を行うことで選択肢を生み出し、選択肢を絞り込んだら判断力を総動員して選択すべし、とします。またサポーターやメンターを含めチームやコミュニティを作ることを推奨しています。イバーラ（2003）も「行動しながら考える」「試しながら学ぶ」ことを重視するように、2000年代のキャリア理論は行動や試行を重視しているようです。

(8)ま　と　め

　キャリア理論は、当初の「そこにある仕事に人を合わせるマッチング」（例：計算ができる人を会計へ）から発達理論を包含し、「生きる意味・意義」を見つける支援を包含し、理想の人生を構築するための**行動を支援する**ところまで進化してきました。職業適性・職業興味あるいは性格や偏差値を把握するだけの「進路指導」では済まなくなっています。自己分析して仕事観を明確にするだけでなく、人生観まで明確にし、理想の人生を作り上げるためにどう行動していくかを支援していく必要があります。その人生に至るためにどこにあるどのような業種・職種の仕事に就くといいか、そのためには今すぐ就職する方がいいか、どこの大学・短大・専門学校・職業能力開発学校などに行った方がいいか、一緒に考えていく必要があります。

第2節 ： キャリアカウンセリングのツール

(1)ツール一般

　中学生〜成人（45歳くらいまで）向けに職業適性を知るための厚生労働省編一般職業適性検査（GATB）、短大・大学生以上向けに職業興味を知るための VPI 職業興味検査、中学生・高校生向けの職業レディネス・テスト（VRT）、谷田部ギルフォード性格検査や MBTI などを用いた性格特性の把握、ストレングスファインダーを用いた長所の把握などの方法がありますが、近年の複雑化する社会のなかでは職業適性・職業興味などだけで仕事や人生を決めるのは困難になっています。

　このため次項で紹介する質的キャリアアセスメントを用いたり、職場体験（インターンシップ）やジョブシャドウイング（働く人に半日〜1日張り付いて同行する）に行ったり、社会人の講演を聴いたり社会人にインタビューをしたり、本や雑誌で仕事を調べたりすることで、体験的に「その仕事に興味・関心があるか」「どんな人生に憧れるか」を探っていく必要があります。その後で「どうすれば実際にそういう人生を送れるか」を調べ、行動していく必要があります。

(2)質的キャリアアセスメント

　仕事観・人生観を把握するため、それらを引き出す質問やワーク（＝質的キャリアアセスメント）を用いることが普通になっています。第1節でコクランが用いていた①ライフライン、②ライフチャプター、③成功体験のリスト化、④家族の布置（家族の特徴、違い）、⑤ロールモデル、⑥早期記憶などのワーク・質問、あるいはサビカスが用いていた①尊敬する人、②よく見た雑誌やテレビ番組、③好きなストーリー、④モットー、⑤初期記憶などの質問です。

　小中高で実施する場合は「興味・関心をもっていること（もの・役割・責任）」「好きなこと」「頑張ったこと」「楽しかったこと」のような質問でかまいません。あるいは学校行事の後に書かせる感想・ワークシートでもかまいません。書き出させて、学級担任だけでなく本人もしっかり把握しておくことが重要です。**キャリアパスポート**に「興味・関心をもったこと」「できたこと・できなかったこと」「これからどうしたいか」などを書き込ませ、将来の人生を考えていくきっかけにしていくことが求められます。

(3)学校生活において

　児童生徒の仕事観・人生観は、学習の場面だけでなく運動会や自由研究、委員会、部活動、休み時間、友人関係、お稽古事、遊び、家庭生活のどこで出てくるかわかりません。ゲームやマンガの選択に本人らしさが現れることもあるでしょう。日々児童生徒を観察し、どのようなことが好きか、どのような役割を頑張っているか、学級担任の観察だけでなく本人や関係者からも情報収集をして、興味・関心・長所・内外の資源をしっかり把握していく必要があります。

第3節　実践における注意点

(1)キャリア教育・進路支援の考え方と姿勢

　学業や運動・芸術分野でとくに優れた児童生徒はさておき、多くの児童生徒は「自分など大したことがない」と思いがちで、将来についてしっかり考えな

かったり、しっかり行動しなかったりということが起きています。教育者には、そうした児童生徒の**不安や自信のなさ**を受け入れ、その上で「将来のために一緒に頑張ろう」と背中を押す姿勢が求められます。

(2)行動を支援する

　不安や自信のなさから行動できない児童生徒は少なくありません。それでも行動しなければ、いつまで経っても不安や自信のなさは解消されません。「将来の不安をなくすために」「将来自信をもてるように」少しずつでも知識や経験・スキルを積むように声をかけ、背中を押してあげる必要があります。失敗を恐れ行動できない児童生徒に対して行動を喚起するためには、間違いや探索を奨励し、相互のやりとりを促す必要があります。失敗を恐れる気持ちに共感しつつも、失敗をあたたかく見守り、失敗から学ぶことができることを伝えていかなければなりません。

(3)資源を拾い（あるいは掘り起こし）、集める

　児童生徒の興味・関心、長所はそのまま資源になります。それだけでなく友人関係・親子関係も資源になるでしょうし、コンプレックスも「裏返しのやる気」として資源になるかもしれません。性格の弱さは「相手への優しさ」「弱い者への優しいまなざし」として機能するかもしれません。マンガの登場人物への尊敬や共感は、未来の理想像（ロールモデル）を作り上げるのに役立つかもしれません。大切なのはささいなことでも「未来をつくるための資源」を増やして（掘り起こして）あげることです。「未来をつくるための資源」は、キャリアパスポートに具体的に書き記しておくことが有効となります。

(4)資源を共有する

　資源を拾い集めたら、学級担任だけでなく、本人や関係者と共有することが重要です。本人自身の気づきを待つだけでなく、学級担任や周囲が本人を勇気づけていくことも必要です。

第4節 ネットワークの活用

　キャリア教育・進路指導は、学級担任だけが行うものではありません。学級担任は児童生徒本人だけでなくほかの科目を担当する教員、保護者、養護教諭、スクールカウンセラー、委員会や部活動の指導者、友人や先輩・後輩、あるいは職場体験先などの地域のおとななど、いろいろなところから児童生徒の資源となる情報を収集したり、校長・教頭・学年主任・進路指導主事あるいは教育委員会などいろいろな相手に相談したりすることができます。学級担任は決して1人ではありません。1人で抱えるよりむしろネットワークで支えていくことが効果的です。

（渡部　昌平）

〈引用・参考文献〉

新目真紀　2015　社会構成主義アプローチの実際　渡部昌平（編）　社会構成主義キャリア・カウンセリングの理論と実践　福村出版

バーネット, B.・エヴァンス, D.　千葉敏生（訳）　2017　LIFE DESIGN──スタンフォード式最高の人生設計　早川書房

コクラン, L.　宮城まり子・松野義夫（訳）　2016　ナラティブ・キャリアカウンセリング「語り」が未来を創る　生産性出版

ホランド, J.　渡辺三枝子・松本純平・道谷里英（共訳）　2013　ホランドの職業選択理論──パーソナリティと働く環境──　雇用問題研究会

イバーラ, H.　金井壽宏（監修・解説）　宮田貴子（訳）　2003　ハーバード流キャリア・チェンジ術　翔泳社

ジェプセン, D.A.　京免徹雄（訳）　2013　主題外挿法：キャリアカウンセリングとキャリアパターンの統合　全米キャリア発達学会　仙﨑武・下村英雄（編訳）　D・E・スーパーの生涯と理論　図書文化社

菊池武剋　2013　"A life-span, life-space approach to career development." をめぐって　全米キャリア発達学会　仙﨑武・下村英雄（編訳）　D・E・スーパーの生涯と理論　図書文化社, p.55

木村周　2018　キャリアコンサルティング　理論と実際　5訂版　一般社団法人　雇用問題研究会

國分康孝　2013　ガイダンス・カウンセリングにおけるＤ・Ｅ・スーパーの意義　全米キャリア発達学会 仙﨑武・下村英雄（編訳）　Ｄ・Ｅ・スーパーの生涯と理論　図書文化社

McMahon, M & Patton, W.（Ed）2006 CAREER COUNSELLING Constructivist Approaches, Routledge

坂柳恒夫　1990　進路指導におけるキャリア発達の理論　愛知教育大学研究報告　39（教育科学編）、pp.141-155

サビカス, M. L. 日本キャリア開発研究センター（監修）　2015　サビカス　キャリア・カウンセリング理論　福村出版

〈議論のポイント〉

　児童生徒の興味・関心・能力を把握するために、教員はどのような質問（ワークシート）を用いることができるでしょうか。いつどのような場面の児童生徒の発言・行動を観察することで得られるでしょうか。あるいはどういった関係者から情報を収集することができるでしょうか。

〈読者のための読書案内〉

＊渡部昌平『よくわかる　キャリアコンサルティングの教科書』金子書房、2019 年：キャリア理論の歴史が学べます。キャリアカウンセリングに必要な技能も網羅されていますので、キャリア教育・進路指導の参考にもなります。

＊渡部昌平『はじめてのナラティブ／社会構成主義キャリア・カウンセリング』川島書店、2016 年：難解なナラティブ／社会構成主義キャリアカウンセリングの技法を図表や例示を用いてわかりやすく解説。質的キャリアアセスメントも多数紹介されています。

＊渡部昌平（編）『社会構成主義キャリア・カウンセリングの理論と実践』福村出版、2015 年：質的キャリアアセスメントをたくさん知りたい人にとくにオススメ。難解なナラティブ／社会構成主義キャリアカウンセリングの理論的背景も説明しています。

索　引

———————— ＊ 執筆者紹介（執筆順）＊ ————————

会沢　信彦（あいざわ　のぶひこ）（編者、第1章）文教大学教育学部　教授

渡部　昌平（わたなべ　しょうへい）（編者、第15章）秋田県立大学総合科学教育研究センター　准教授

金山　元春（かなやま　もとはる）（第2章）天理大学人間学部　教授

鈴木　教夫（すずき　のりお）（第3章）文教大学教育学部　非常勤講師

鈴木　和正（すずき　かずまさ）（第4章）常葉大学教育学部　准教授

明里　康弘（あかり　やすひろ）（第5章）前早稲田大学　非常勤講師

吉田　浩之（よしだ　ひろゆき）（第6章）群馬大学共同教育学部　教授

金子恵美子（かねこ　えみこ）（第7章）慶應義塾大学教職課程センター　准教授

宮古　紀宏（みやこ　のりひろ）（第8章）国立教育政策研究所生徒指導・進路指導研究センター　総括研究官

佐藤　晋平（さとう　しんぺい）（第9章）文教大学教育学部　准教授

藤川　章（ふじかわ　あきら）（第10章）日本教育カウンセラー協会　理事

吉中　淳（よしなか　あつし）（第11章）弘前大学教育学部　教授

高綱　睦美（たかつな　むつみ）（第12章）愛知教育大学教育学部　准教授

岡部　敦（おかべ　あつし）（第13章）札幌大谷大学社会学部　准教授

富永美佐子（とみなが　みさこ）（第14章）福島大学人間発達文化学類　准教授

編者紹介

会沢　信彦（あいざわ　のぶひこ）　文教大学教育学部教授・発達教育課程長

1965（昭和40）年、茨城県水戸市生まれ。
筑波大学第一学群人文学類卒業、同大学院教育研究科修士課程修了、立正大学大学院文学研究科博士課程満期退学。
函館大学専任講師を経て、現職。
著書に、『教育相談の理論と方法』（編著、北樹出版）、『学級経営力を高める教育相談のワザ13』（共編著、学事出版）、『不登校の予防と対応』（共編著、図書文化社）など。

渡部　昌平（わたなべ　しょうへい）　秋田県立大学総合科学教育研究センター准教授

1971（昭和46）年北海道函館市生まれ、秋田県秋田市育ち。
国際基督教大学教養学部教育学科卒業、明星大学大学院人文学研究科心理学専修課程修了。
厚生労働省を経て、現職。
著書に、『よくわかるキャリアコンサルティングの教科書』（金子書房）、『はじめてのナラティブ／社会構成主義キャリア・カウンセリング』（川島書店）、『グループ・キャリア・カウンセリング』（金子書房）など。

生徒指導・進路指導の理論と方法——コアカリキュラム対応

2021年4月20日　初版第1刷発行

編著者　　会沢　信彦
　　　　　渡部　昌平

発行者　　木村　慎也

カバーデザイン／北樹出版装幀室　　印刷・製本　モリモト印刷

発行所　株式会社　北樹出版
〒153-0061　東京都目黒区中目黒1-2-6
URL：http://www.hokuju.jp
電話(03)3715-1525(代表)　ＦＡＸ(03)5720-1488